日本語の作法

しなやかな文章術

中村 明

Nakamura Akira

青土社

日本語の作法　しなやかな文章術　目次

基礎編

I　表現のたしなみ

応用編

II　表現のもてなし

III　表現のしかけ

Ⅳ 描く

V　余白

日本語の作法　しなやかな文章術

はじめに

出羽庄内酒井藩の御殿医だったとかいう家系に生まれたせいか、末っ子でありながら何となく医者になるものと思っていたらしい。ところが、たまたま小宮豊隆の書いた夏目漱石の伝記を読んだ臍《へそ》曲がりの少年は、作品というより、大学教授や博士号といった世間の名誉を投げ捨て、誰にどう思われようと自分の信ずる道を真っ直ぐに突き進む、その旋毛曲がりの人間性に惹かれて、気がつくといつか文学の道に迷い込む青年となっていた。

早稲田大学の第一文学部で、文章心理学の開拓者、波多野完治先生に卒業論文の指導を仰ぎ、大学院文学研究科で、國語學の権威、時枝誠記先生の国語美論の薫陶を受け、文学を言語として研究する文体論・表現論の道に進むことはほとんど運命づけられたと言えるような気がする。言語美学の小林英夫先生のソシュールをスペイン語で読むという特殊講義を受けた仲間、言語学畑の牧野成一・小黒昌一と、オグデン・リチャーズの難解な『意味の意味』に始まる読書会を催したことも、コトバへのこだわりを決定的にしたかもしれない。

とかく脳裏に浮かぶ閃きで理論を構築したがる若い時期に、当時、現代語研究のメッカと憧れた国立国語研究所に入り、言語資料自体の中から法則を見出すという地道な研究姿勢を学び、実践できた経験も大きく、自分のその後の方法論を決定づけた感がある。特に意識しなくても、もはや癖になっているのだろう、最初の単著、在職中に発表した研究報告書『比喩表現の理論と分類』や、『日本語レトリックの体系』『日本語文体論』『文体論の展開』ほかの学術書はもちろん、『比喩表現辞典』『感情表現辞典』『人物表現辞典』から近年の『日本語　語感の辞典』『日本の作家　名表現辞典』『日本語　笑いの技法辞典』という三部作まで、大胆な理論はもちろん、ささやかな考えを発表する際も必ず言語調査を実施し、それを裏づける証拠となる材料をそろえて執筆しようとする姿勢は一貫している。

文体論は文学と言語学との架け橋とされる。そのもう一方の文学については、実作者との出会いが何よりの刺激となり、考察を深める推進力となったように思う。雑誌で座談会の司会を務めたり、作家訪問の企画でインタビュアーに起用されたり、文通したり酒宴に同席したりして、武者小路実篤、里見弴、堀口大学、瀧井孝作、井伏鱒二、尾崎一雄、網野菊、小林秀雄、円地文子、永井龍男、大岡昇平、田宮虎彦、小島信夫、小沼丹、庄野潤三、吉行淳之介、辻邦生、竹西寛子、日野啓三、高井有一、三浦哲郎、後藤明生、大岡信、谷川俊太郎、黒井千次、井上ひさし、三木卓、奥本大三郎、篠田節子、小川洋子といった錚々たる顔ぶれの作者と個人的に接する機会に恵まれた。

時には創作現場のいわば密室の声を聞き出すなど、贅沢な時間はいつも夢のように過ぎて行った。そのうち一五人の作家訪問の記録は『作家の文体』として刊行されている。この得がたい貴重な体験が、文学を語るときに力強い背景として働いたことだろう。

『文章をみがく』『文章作法入門』『悪文』『センスをみがく文章上達事典』など、文章の書き方に関する一般向けの指導書をいくつか手がけてきたが、文学作品を対象とする文章・文体・表現の分析、考察を中心とする自分の仕事がその頃よりも円熟してきたかなと思う今、爛熟の域に達する前に、研究成果をふまえながら、自分なりの方法論を集大成した文章読本の決定版をめざしてみたい。おおよそ次のような構想を描いている。

序章として、文章のよき書き手となるための条件を考え、執筆前の基本姿勢を整える。

Ⅰ「表現のたしなみ」で、用字・語感・修飾・あいまいさ・敬語・引用・推敲など、文章を書くための基本的な問題を幅広くとりあげて解説し、文章力の基礎を固める。

Ⅱ「表現のもてなし」で、発想・構成・書き出し・結び・視点など重要な問題を論じる。

Ⅲ「表現のしかけ」で、省略・反復・比喩・婉曲・誇張ほか主要な表現技法を紹介する。

Ⅳ「描く」で、人物・心理・感覚・風景の名描写を紹介し、多彩な表現を鑑賞する。

Ⅴ「余白」として、日本的表現から余情と季節感を汲み、ユーモアのセンスをみがく。

そして終章、表現の奥に映る人影を追い、文章にしみこんだ人生を味わい噛みしめる。

前著『美しい日本語』に引き続き、本書もまた青土社編集部の村上瑠梨子さんに担当していただいた。今回はもう一人、加藤峻さんも加わり、爽やかな名コンビの手で編集作業が力強く暢びやかに進められているらしい。お二人に心から深い感謝の気持ちを伝えよう。

理知的な文章、情熱のみなぎる文章、淡々とした文章、センスの感じられる粋な文章、そしてどこか懐かしくちょっぴりユーモラスな文章など、さまざまな文章に対応できる柔軟な表現力を鍛えたい。書名の副題にある「しなやか」は、文章の姿であると同時に、作法そのものでもあり、できればこのささやかな本もそうありたいと願う夢である。

東京小金井の自宅にて　中村　明

二〇一八年　重陽

序章　よき書き手となるには

文章上達の秘訣

文章が飛躍的に上達する秘訣って何だろう？　何やらそれに類するものが、あるいはあるのかもしれない。だが、そんな魔法めいたものは信じないほうが、きっと進歩は早い。

健康の秘訣は、よく体を動かすことだとも言えるし、逆に、心身ともにくつろぐことだとも言えるだろう。長生きの秘訣を問われると、世の中の役に立って生きがいを保つことだと、大きな眼を見開き、胸を張って拳を握る、そんな人がいかにもありそうだ。そうかと思うと、何よりも周囲に気を遣わずのんびりと過ごすのが一番さと、さも眠そうに目を細め、大きなあくびを両腕で差し上げる人もあるような気がする。

どちらの回答でも、それぞれが秘訣としてあげている事柄はむしろ正反対に近い。だからといって、いずれか一方の主張は的外れだとは限らない。本来の秘訣というものは案外、こんなふうに論理的に相反する事柄さえともに吸収してしまうほど、底無しで奥が深いような気がする。そういう得体の知れないものを、「秘訣」などという意味ありげな語で表現したとたん、どこか胡散《うさん》くさいけはいが漂いだす。そうして、世間に知られていない特別で神秘的なニュアンスを帯び、われわれ凡人には無縁になってしまう。まさにこれであり、それ以外の何ものでもないと毅然と言い放つ、威風堂々辺りを払うその語感が、そういう融通無碍《むげ》の現実とあまりにも乖離《かいり》するせいだろう。

文章上達の秘訣とやらも、そんな唯一無二の存在ではないようだ。きちんと構想が固まらないと書き出さない人もあれば、あれこれ考えずにともかく書き始めてみる人もある。ひとたび書き出したら迷うことなく一気に書いてしまう人があり、途中つっかえながらもねばってなんとか書き続ける人、行き詰まったらすぐ放り出し、ゆっくり頭を休めてからおもむろに書き継ぐ人もある。それぞれやり方はまるで違うが、どれもその人なりの流儀だから、どれが正しくどれが失格だなどときめつけることはできない。ひょっとすると、当人は案外それこそが秘訣だなどと暢気《のんき》に構えているのかもしれない。だが、あいにく文章の書き方に唯一絶対などというものはない。効果的な表現法は一つではないからだ。

現実に、それなりに有効な書き方は無数にあり、どの方法も効果は人それぞれである。一錠で万病に効く秘伝の特効薬など、文章の世界、どこにもありはしない。絶対的な文章作法などないから、名文はこうやって書くのだとその場で書いてみせるわけにはいかない。事実、書こうとして名文を書いた人は多分これまで一人もいないはずだ。無心に書いた文章がいつか結果として「名文」と評価されることが、ごくまれに起こるだけなのだろう。

効果的な表現法はいろいろあるが、大仰に文章上達の秘訣と号する奥の手は、どうやら存在しないらしい。手品まがいの妙技を当てもなく嗅ぎまわるのは無駄。楽に何でも書けるそんな手軽な秘技を追い求めるなんて、だいいち人間としてみっともない。万能薬はないのだと潔く諦めて、すぐに次のステップに進もう。読み手の負担を減らし、せめて相手に迷惑をかけない程度の基本的な文章作法がはたして身についているかどうか、いやいやでも、ぜひ自分で点検する作業から始めたい。いくら気が進まなくとも、結局そのほうが堅実であり、上達も早いはずである。

それはむろん、いくら努力しても思うような文章はなかなか書けない。まして完璧な文章なんて自分にはとうてい無理だ。誰しもそう感じる。また、事実そのとおりだろう。だとしても、努力を放棄するのはもったいない。完璧な文章なんて、そんな出来もしないものを、初めから目ざさなければいいのである。

ここは開き直ろう。欠点がないだけで魅力にとぼしい文章など書きたくない。むしろ欠点だらけでも、書いている人間の精神のリズムが脈打ち、いつかそれがそのまま読み手の鼓動となる、できればそんな文章を書いてみたい。若き日の自分を顧みると、訳もわからず、そんな不遜なことを考えていたような気がする。おまけに、表現の呼吸をつかむには、日頃からいい文章に接しておく体験こそが肝要だと信じていたらしい。戦前の谷崎潤一郎や戦後の三島由紀夫、のちに丸谷才一ら作家の書いた『文章読本』を別にすると、いわゆる文章作法書の類を事実ほとんど手にしなかったように思う。

どんなにすばらしい理論であろうと、それを展開する文章自体に読者をひきつける力がなければ、その種の本は説得力がない。著者ならみずからその理論を当然マスターし、実践しているにちがいなく、そこに文章力の成果が反映しているはずだから。これは今考えての理屈で、当時の自分がどこまで意識していたかはわからない。ともあれ、こんなふうに書きたいと思わせる文章で作法を説く一冊にめぐりあわなかったのは事実である。

そんな若者を勇気づける決定打となったのは、きっと学部時代からの終生の恩師が何かの折にふともらした、あの思いもかけない一言だったにちがいない。当時お茶の水女子大学の学長で文章心理学の開拓者として知られた波多野完治は、なんと、これまで文章作法を説く本がろくな文章で書かれたためしがないと涼しい顔でつぶやいたのだ。ろくに読んだこともない人間に、むろんそれが事実かどうかはわからない。真偽のほどはどうであれ、にこやかな表情から飛び出したその痛烈な一言が、ぽっと出の青年の胸にいつまでも棘《とげ》のように突き刺さって抜けなかったことだけは否定できない。

そこに何が書いてあっても、その文章が訴えかけてこない作法書は自分に縁がない。今振り返っても、そういう判断自体が基本的に誤っていたとは思わない。だが、ある日、妙なことに気づく。涼味をそそる風鈴も、鶯の声も蟬しぐれも小川のささやきも、ふっくらと焼けたフランスパンの香りや芳醇《ほうじゅん》な酒も、それを味わう人がいてこそ生きる。山や海や庭や花という自然そのものは実在しても、もしもそれを眺める人間がいなければ美という認識は生まれないし、そもそも風景とすらなりえない。文章だって同じではないかと、はっとした。どれほどすぐれた完璧な文章でも、誰かが読まなければ何の価値もない。貴重な情報も、感銘を与えるはずの秀でた表現も、すべてはまず、人に読まれるところから始まる。ある日、そんなわかりきった事実にようやく思い至ったのである。

読むのは他人

書く側には、誰も読まないかもしれないなどという想像は浮かんでこない。何の疑いもなく、読み手の存在を当然の前提として文章を綴《つづ》る。だが、人間には、読む権利があると同時に、読まない自由もある。そんな何の義務も義理もない赤の他人に、ぜひ読んでもらおうと思えば、それ相応の配慮が必要だ。まずは、読むに値するすぐれた内容を盛ること、そして、読むにたえる秀でた表現で綴ることである。わざわざその文章を読んでくれる奇特な相手に感謝し、その負担をできるだけ減らすことで少しでもその労に報いたい。

一般的な心構えとしてなら、そんなことは誰にでもわかっているかもしれない。だが、具体的にどうするかがむずかしい。しかも、表現の方策と効果はつねに一定ではない。読み手により、局面により、その目的により、その他さまざまな条件に応じて、結果はそれぞれ違うから、現実には途方にくれるばかりである。

ただ漫然と書くのではなく、まずは誰が読むのかを考え、語りかける方向を定めよう。こういう極端な例ならわかりやすいだろう。意中の人の心に訴えかけるべき恋文を、もしも万人向けに書き、そんなものをビラのように配ったら、肝腎の相手は本気にしない。だから当然、そんな場合は誰だって、内容も表現も、そのかけがえのない一個人に合わせて書く。

こんなふうに読み手の方向性をしぼる配慮は、特定の人に宛てる手紙にだけ必要なわけではない。程度の違いこそあれ、書きだす前に誰でも考え、実際に試みているはずなのだ。ここが曖昧だと、ピントが甘くなり、フォーカスが定まらないから、論点がぼやけてしまう。一般向けの文章であっても、どういう人に読んでもらいたいのかという、いわば文章の宛先をできるだけ限定し、ターゲットとなる読者層を明確にして書きたい。意識してピンぼけを防ぎ、シャープな文章に仕立てるためである。

通常の文章はたいてい不特定多数の読み手を想定して書く。だから、もちろん、どんぐり眼でおちょぼ口をした丸顔のぽちゃぽちゃっとした女の子などと、個別の読み手をイメージするわけにはいかない。とはいえ、読者層はのっぺりとした得体の知れないかたまりとは違う。子供か大人か、男性か女性か、学生か社会人か教員か職人か主婦か、その問題にどの程度の関心や知識のある人びとなのか、可能な範囲で読者対象をしぼりこみたい。どういう人が読むかによって、適切な表現はそれぞれ違ってくる。どのような人間が読むかという点を一切抜きにして、絶対すぐれた文章などというものはありえないからである。

読み手の立場に寄り添って書くようにと説くのは、おそらく文章作法書というものの常道だろう。そういう当然のことができるのは、書き始める前に読者層のイメージが頭のなかにおおよそ方向づけられているからだ。むろん、世の中には、物知りもいれば、物知らずもいる。関心のありかも人それぞれみな違う。ぴたりと照準を合わせるのは至難の業だ。それでも、書くのは自分で、読むのは他人、その他人は自分とはまるで違う人間であるという当然きわまる事実を、きちんと認識して書く、その第一歩が肝腎なのである。

子供の生まれた家に市長名で「御出産おめでとうございます」という祝いの手紙が来て、よく見ると宛名が赤ん坊になっていた、そんな笑い話みたいな実話があるらしい。「出産」したのは母親であって、子供は夢中で「誕生」したにすぎない。発信人としては、赤ん坊はまだ字を知らないから実際に読むのは母親だと気をまわしすぎて、全体としてつじつまの合わない通信文になったのかもしれない。もし一度でも、宛名の相手の身になって読み返すことがあったら、こういう間違いはきっと避けられたはずなのだ。

この場合はまだ愛嬌《あいきょう》といって済まされそうな例だが、気づかずに相手を傷つけるケースもある。たとえば、東京の人間に「下阪」と書かれたら、きっと大阪の人間はいい気持ちがしないことだろう。大阪へ下るなどと、相手を見くだす態度が気に食わないはずだ。

かつて千年以上も都だった京都、その地に生まれ育った人は、長年にわたって「京に上る」と言われてきただけに、東京に行くという意味の「上京」という語に抵抗が強く、無意識のうちにその使用を避ける傾向がありそうだ。身近なところで、こんな実例がある。

早稲田大学大学院の中村ゼミの修了生に、たしか本能寺小学校を卒業し、今でも京都の中心街に住む、雑誌に写真の載るほど着物姿の映える生粋の京女がいる。久しぶりに指導教授の家を訪ねたいという便りが届いた際、きっと「上京」という語は使わないだろうと予想して読むと、はたして「東京入り」とある。何やら赤穂浪士の江戸入りじみた連想もないではないが、そうこだわる気持ちは、痛いほどよくわかる。その予告どおりに来訪し、久しぶりに対面した優雅な洋服姿のこの弟子の前で、せっかく忌避した「上京」という語をうっかり使ってしまったら、あまりに無神経だと思われかねない。応接間で談笑しながらも、ソファーでひそかに気をひきしめていたような気がする。

以前、「都下小金井市」と宛てたはがきが舞い込んだことがある。作家の永井龍男から届いた一通だったかもしれない。ほのかに文学的かおりが漂うせいか、「都下」という懐かしいことばから、国木田独歩や徳富蘆花《ろか》などの時代の武蔵野のおもかげが目に浮かび、一瞬のんびりとした雰囲気を味わったような記憶がある。だが、これをもし、東京の中心街から遠い土地に住んでいることを気にしている人間が読んだら、ちょっと複雑な気持ちかもしれないとも思った。同じそのことばから、都心に住む人が近郊を「いなか」と見くだすまなざしを感じとらないとも限らない。相手次第で効果も逆効果もあるから微妙である。

広く読まれる文章では相手も不特定だから、どういう表現で誰が傷つくか、ますます油断がならない。要は他者への配慮であり、やさしさである。基本はそれに尽きるだろう。

書く側でできること

仮に相手を傷つけなくとも、悩ませることはけっこう多い。読んでも意味がすうっと入ってこない文章はその代表格だろう。高度な学術的内容ならば、それなりに難解な表現となりやすく、結果としてある程度むずかしい文章になるのはやむをえない。しかし、それでも、自然に書いてむずかしい文章に仕上がったら、自分の伝えようとする情報はほんとにそれほど難解な内容なのかと一度振り返ってみるのも無駄ではない。事実むずかしい内容なのだとしても、何とかもう少しわかりやすく表現できないかと、もう一工夫してみたい。それが読んでくれる相手に対する最小限のいたわりである。

この国では、頭のいい偉い人間ほど、漢字の多い難解な文章を書く、という思い込みが激しい。そのため、高級な文章に見えるよう、やたらにむずかしい単語を並べたて、ひねった言いまわしを用い、漢字の多い文面に仕立てて、文章に箔《はく》をつける傾向があった。そうすることで内容の貧弱さを補おうとしているように疑われる例があったのも事実だろう。だが、時代は変わった。難解な外見は中身の空虚さを露呈して逆効果になることもある。

どうやら恩師の波多野完治はその逆だったようだ。発生的認識論を構築したスイスのピアジェの紹介者としても著名なこの心理学者、その頭をひとたび通り抜けると、あの難解な学説も驚くほどわかりやすくなって出てくる、学者の間にそんな噂もあったらしい。著書や手紙に自分の名をひらがなで署名することに象徴されるように、学術論文でさえきわめて平易な文章で書く。ほんとに頭のいい人は、むずかしい内容をやさしく書けるのだ。事実、いい文章というものは、存外やさしい姿をしているのかもしれない。

文章を書く側は、自分の考えている意味を、それにふさわしいことばで表現したつもりでいる。それを読む側は、そこに表現されたことばから、相手の考えているらしい意味を類推する。表現されてそこにあることばが、もしどれもたった一つの意味しか持たなければ、伝達は比較的スムーズに運ぶ。ところが、現実には、たいていのことばがいくつかの意味を持つ。「高い」という誰でも知っている語を例にしても、「山」「日」「熱」「声」「値段」「目」「地位」「評判」「密度」「理想」「格調」など、何を形容するかによって、それぞれ意味合いやニュアンスが違ってくる。言語による伝達は必然的にそういう関係にある。

つまり、書き手がある語に自明のこととして託した意味も、読み手にとってはその語からくみとれるいくつかの意味のうちの一つの可能性にすぎない。同様に、「前に話した医者の奥さんの弟」とあるのを読んだ人間は、前に話に聞いたのが、医者自身なのか、それとも、妻のほうなのか、あるいはまた、妻の弟だったのかと一瞬迷う。書く人間はまさかそんな結果になるとは夢にも思わない。つまり、書き手があることばの修飾として疑いもなく置いた、例えばこの「前に話した」という表現が、読み手にとっては、その表現の意味的に係りうる三つの可能な修飾関係のうちの一つの選択肢でしかなかったことになる。

書く側の人は、それを読むのは自分とは違う別の人間だという、この明白な事実をまず自覚する必要がある。それには、文章を実際に他人の目にふれさせてみるのが有効だろう。ひとかどの人物が一度読んで、表現の適否を具体的に批評してくれれば申し分ないが、そんな人は近所にめったにいない。いても、ひとかどの人物はたいてい忙しいから、せっかくの妙案も実現するのはむずかしい。

そこで、小さな声で言おう。ほんとはそんな偉い人でなくとも、家族でも親しい友人でも誰でもいいのだと。誰かが熟読して感想を言ってくれればありがたいが、ただ読んでくれるだけでもいい。さらに声をひそめて極端に言えば、読んだふりをしてくれるだけでも効果がある。書いた当人が、読むのは他人だという明白な事実を、はっきり意識して書くようになればしめたもの。こういう書き方で、はたして相手に正しく理解されるだろうかと、一瞬でも考える習慣がつけば、自分で他人になりきって読み直す態度もおのずと身につくからである。

昔、雑誌の連載企画で鎌倉扇谷の里見弴邸を訪ねた。すでに一線を退かれていたが、かつてしゃべりを基調とするその文章は、落語の柳家小さんの語り口を思わせるとして、白樺派の兄貴分にあたる志賀直哉は「小説家の小さん」と呼んだらしい。巧すぎると評され、巧すぎて何が悪いと開き直ったという作家である。

その日のインタビューで、「細かいニュアンスまで盛り込んである」感じで、「会話の運びの妙ってものが里見文学にとってきわめて重要な位置を占める」と前置きし、その背景に話を向けると、当人はちらりとその楽屋をのぞかせた。

小説『妻を買う経験』に登場するあの女と夫婦になってからは、その「学問のない、小説なんぞ読んだこともない素人」の前で、自作を書いたところまで読んで聞かせ、その内容を言わせてみるのだそうだ。相手が誤解したとわかる箇所を、里見は黙って原稿に手を入れるのだという。その場で説明したのでは、それによって正しく理解できるのは今目の前にいるその一人だけで、一般読者はそこにいない。これがコツである。

人柄が伝わる

どういう目的で書くかという執筆意図の問題を抜きにして、いい文章とは何かを論じても始まらない。事実を伝えるはずの報道文でも、単に事実を伝達できただけで満足するものだけとは限らない。記事や論説によっては、社会正義を育成し、社会通念の改革を迫るなど、その奥にひとつの主張がひそんでいる場合もある。それぞれの筆者がその表現に託す狙いも、それに対する読み手の期待もそれぞれ違う。ジャンルが違えばなおさらだ。

正確な伝達という基本中の基本についてさえ例外ではない。科学的事実を基軸とする文章で「地軸が何度何分回転した」と表現する内容について、経験的事実を軸とする文章では「日が西に傾いた」と書く。そのほうが自然であり、人間の認識を基盤とするその種の文章では、むしろ正確であるとも言える。地球の自転は感覚的事実ではないからである。

とすれば、執筆意図や読者の期待とその伝達効果との関係をとらえることなく、文章の一般的評価を試みても意味はないことになる。

もう一つ、文章の表現効果は、誰かに読まれるまで、正確に判断できないというのも事実だろう。文章は書き手の個人的な所有物ではなく、いい読み手を得てはじめて真価を発揮するのだから。一文一文がいかに明晰でも、全体の意味とその表現意図が読み手にそのとおり届かなければ、文章として効果はない。言語的に実現した軌跡をとおして、書き手は自分という人間の行為の意味を問いかける。そこに文字としては書かれなかった、ことばの背後にあるものを含めて、すっきりと相手に届くことが大事なのである。

ある表現が効果をあげるのは、それが巧妙だからではなく、適切だからである。どこにでもありそうな身辺雑記の、思いもかけぬ陰翳《いんえい》が、読者のさわやかな共感をよぶことがある。笑って読んでいるうちに、読者がいつか作者と一体になって一喜一憂している自分に気づくこともある。その感動が沈静化し、深まりを見せると、いわゆる滋味掬《きく》すべき文章ということになるのだろう。

深い味わい、芸術的なかおり、いい文章は、それを読む人に充実した時間をつくりだす。知識で人を利口にし、技巧で快く酔わせるよりも、ああ読んでよかったと思ってもらえる文章を書こう。もしも幸いにして、読む相手にいい時間を贈ることができれば、書き手にとって、それこそ理想的な文章だと言えるだろう。

文章をとおして、その意味や表現意図とともに、ことばの奥にいる書き手という人間そのものも、好むと好まざるとを問わず、同時に相手に伝わってしまう。これはどきりとするほど、思いがけないことであった。とするなら、いい文章の底にある人の在り方——それは文字をとおしての人のふれあいのなかで、さりげなく見せるやさしさなのかもしれない。

たしなみとして文章表現の基本を身につけるのは、よき理解者となるはずの読み手に対する礼儀であり、その労に報いるためのせめてものいたわりでもある。それが書き手として示すことのできる誠意である。問われているのは、きっと人間性なのだろう。

Ⅰ　表現のたしなみ

1　ひらがな・漢字・カタカナを使いこなす

日本語は文字が多彩

英語もフランス語もドイツ語もすべてAからZまでの二六字で綴《つづ》る。大文字と小文字の区別はあるが、どの単語もアルファベット以外の文字で記すことはない。中国語の場合も、使用する漢字の数はかなり多いが、それ以外の系統の文字を交ぜることはない。

その点、日本語の場合は、いくつかの系統の文字を交ぜて用い、同じ単語を別の文字で書く選択の自由もある。正式には、漢字とひらがなとカタカナだが、ABC以下のアルファベットを交ぜることも珍しくない。さらに、計算に限らず算用数字、すなわち、2、5、8のようなアラビア数字を用いたり、まれには、Ⅲやⅶのようなローマ数字や、αやβなどのギリシャ文字まで利用したりして、日本人は多彩な文字をあやつっている。

文字の遊戯的な使用例はあとのお楽しみとして、まずは日本語の正式の文字である漢字・ひらがな・カタカナの使い分けに関する最も基本的なルールを整理しておこう。

和語の表記

まず、もともとの日本語である和語から始めよう。「あわれ」「おかしい」「きたえる」「しぐれ」「そちら」「どっしり」「におい」のような和語すなわち大和言葉は、本来すべてひらがなで書いてよいはずだが、「雨」と「飴《あめ》」、「花」と「鼻」、「柿」と「牡蠣《かき》」、「雲」と「蜘蛛《くも》」、「橋」と「箸」と「端」のように同音語があって意味のまぎらわしい場合は、一方をカタカナまたは漢字にするか、両方を漢字で書き分けるかして区別しやすくする。

単語ごとに分かち書きにする英語などと違って、日本語では通常べた書きするから、「もしものときにそなえてあらかじめいくつかかってものおきにいれておくことがのぞましい」のように、ひらがながずらりと並ぶと、すらすら読みにくい。そのため、この例では「備えて」「買って」「物置に入れて」「望ましい」あたりは漢字を交ぜて理解を助けるのがふつうだろう。それほど極端でなくても、「乙女」「腐る」「舌足らず」「戦う」「述べる」「踏み分ける」「真夜中」のように、単語の意味の中核部分に適度に漢字を用いて、全体を読みやすく、文の意味をわかりやすく仕上げたい。少しでも負担を減らすのが、わざわざ読んでくれる相手に対する配慮である。事実、それが一般的な書き方となっている。

外来語の表記

欧米から入った外来語はカタカナで書くのが大原則。「イメージ」「オムレツ」「ガーゼ」「コロッケ」「ゴム」「サラミ」「セメント」「ソプラノ」「ナンバー」「パン」「ブリキ」「ペンキ」「ボタン」「モーター」「ヨーグルト」「ワクチン」など、すべてこれが標準表記だ。

ただし、古くから使ってきて日本語としてなじんでいる一部の語は、「かすてら」「こんぺいとう」「たばこ」「てんぷら」のように、ひらがなで書くこともあり、「金平糖《コンペイトー》」「煙草《タバコ》」「天麩羅《テンプラ》」のように意味や音に合わせて漢字表記する例もある。「ガス」や「ガラス」も「瓦斯」「硝子」と漢字で書く例を見かける。それでも、すべてカタカナ表記が標準的である。

また、古く中国から伝わった漢語とは別に、近代になってから入って来た中国語の「餃子」「麻雀」なども、近年は「ギョーザ」「マージャン」とカタカナ表記する例が多い。

一九九一年に「外来語の表記」が告示され、原音に近づける表記も認められるようになったのも時代の趨勢《すうせい》だろう。「カンツォーネ」「ビルディング」「ファイル」「フォンデュ」「ヴェール」「ヴォーカル」などが気がねなく書けるようになったし、「チーム」を「ティーム」と気どることもできる。「ギョエテ」と「ゲーテ」ほどの差ではないが、それでも「ヴィヴァルディ」とは俺のことかと「ビバルディ」は言うかもしれない。

制限が緩んで自由度が増したのはいいが、その結果、「アルミニウム」と「アルミニューム」、「インタビュー」と「インタヴュー」、「ウイスキー」と「ウィスキー」、「エルサレム」と「イェルサレム」、「ジーゼル」と「ディーゼル」、「ファン」と「ファン」、「フィルム」と「フィルム」などが共存する結果となった。それぞれの組み合わせの前者の系統と後者の系統とが入り交じったのでは筋が通らず、全体として統一がとれない。選択肢が増えて楽しめるぶん、神経が疲れやすくなった感じもある。

なお、「スリッパ」は伝統があって履きなれているが、近年、原語の発音に近づけようと無理をして末尾の長音符号を省き、「コンピュータ」「パーティ」と表記する例が増えてきた。気持ちはわかるが、日本人の実際の発音は語末をのばす人がまだ多く、言文一致に逆行する。これが蔓《まん》延《えん》すると、「エレベータ」は途中で停止し、「ギタ」はなめらかに演奏できず、「バタ」はパンに塗りにくい感じになり、野球の「バッター」など、虫に変身してしまう。

なお、外来語以外でもカタカナを使うことがある。オノマトペのうち、「しっくり」「なよなよ」「こせこせ」のような擬態語は別にして、「がちゃん」「どしん」「ぐーぐー」のように、実際の音を象徴する擬音語は、「ガチャン」「ドシン」「グーグー」とカタカナで書いて区別する例が多い。だが、この場合はそれが原則だというわけではなく、すべてひらがなで書いてもよい。

漢語の表記

まず、「比喩」「表現」「理論」「分類」「作家」「文体」「名文」「技法」「辞典」のような漢語は、ふつう誰でもこんなふうに漢字で書いているだろう。子供向けに手加減する場合は別として、成人相手の通常の文章の場合、漢語は漢字で書くのが大原則である。

問題になるのは、その字が現行の新常用漢字表で認められていない場合だ。もし、その表外漢字の部分を仮名書きにすると、たとえば、「演えき」「し緩」「深えん」「そう白」、「ちょう愛」などとなり、そこから「演繹」「弛緩」「深淵」「蒼白」「寵愛」などの語をたどるのは骨が折れる。「動き」という字面から「動悸」を思い浮かべるのはほとんど絶望的だろう。「はつ音」も「発音」か「撥音」か区別がつかず、風流な人は鶯《うぐいす》の「初音」を連想するかもしれない。「だ鳥」と書いたのでは、だめな鳥かと駝鳥《だちょう》がひがみかねない。このような漢語の〈まぜ書き〉は概してわかりにくく、評判も悪く、品格にも欠ける。

もしもほんとうに「萌芽《ほうが》」「洒脱《しゃだつ》」「寓話《ぐうわ》」「殺戮《さつりく》」「拿捕《だほ》」「飛沫《ひまつ》」などという語がそこに必要なら、それぞれ表外字の部分もやはりこのように漢字で書くのがわかりやすく、感じもいい。ただし、その前に、想定する読み手に合わせて、「寓話」は「たとえばなし」、「飛沫」は「しぶき」などと、用語自体を平易にする配慮がまず必要だろう。かたくなにならず、意味の多少のずれに目をつぶって一歩譲る、時にはそんな撤退する勇気もほしい。

代用漢字

表外字の部分を臨時にほかの漢字で間に合わせることとある。「格闘」がどうして手偏でなく木偏なのか不思議に思うと、本来の「挌」という漢字が表外字なので、意味を無視し、形のよく似た「格」という漢字を借りてとりあえず間に合わせたものらしい。このようなその場しのぎの姑《こ》息《そく》な置き換えを〈代用漢字〉と呼ぶ。「掩護」を「援護」、「長篇」を「長編」、「智慧」を「知恵」、「叛乱」を「反乱」で間に合わせるのは、すべてその例だ。

慣れてしまえばあまり気にならないが、人によっては違和感が残る。「月蝕」を「月食」と書いても、まさか「月餅」の類かと勘違いする人はいないだろうが、「掠奪」を「略奪」と書くと、全部は奪わないような連想が働く。「稀薄」を「希薄」と書くと望み薄な感じが出るかもしれない。「叡智」が「英知」になると深みが失われ、「讃美歌」が「賛美歌」になると荘厳な雰囲気が薄れ、有難みが減るような気がする。「陰翳」を「陰影」と書く例も見かけるが、「翳」が「おおう」意なのに対し、「影」は光やそれによって生じる形をさすので、代用すると明らかに陰翳がとぼしくなる。

作家訪問の雑誌企画で、執筆のため帝国ホテルに宿泊中の吉行淳之介を訪ねた折、「編輯者《へんしゅうしゃ》」が「編集者」で代用されるようになった頃の思い出話が出た。当時、編輯者だったこの作家は、自分の職業が変わったような感じがして、車偏でないと働く気にならないとぼやいたと、往時を振り返って懐かしそうに笑った。一九七五年十一月十四日午後のことである。

これには個人差もあって、どこまでが妥当だとする境界線は引けない。代用漢字をいっさい認めないという頑迷な態度では、その文章もがんじがらめで発展性がないような印象を与えかねない。逆に、こういう間に合わせの用字を使いすぎると、いかにも無教養で節操のない安直な文章に見えてしまう。ここは安易な代用を控えるという程度が無難だろう。古風に映るか、浮ついて見えるか、書き手の審美眼が問われる難所かもしれない。

用字の感触

図式的には、漢字は〈意味〉を伝え、ひらがなは〈ことば〉を伝え、カタカナは〈音〉を伝えるという印象がある。そのため、耳で聞いたことを伝言する場合、はっきり意味がわかれば漢字で「忖度」と書き、意味はさだかでなくとも、そういうことばを発したときちんと認識できればひらがなで「そんたく」と書き、どういうことばだったか自信のない場合に聞こえた音だけを、カタカナで「ソンタク」とメモする傾向がありそうだ。

川上弘美に『センセイの鞄《かばん》』と題する小説がある。なぜ「先生」でないのか、作者は作中でこう説明している。作品は「正式には松本春綱先生であるが、センセイ、とわたしは呼ぶ」と始まり、「「先生」でも「せんせい」でもなく、カタカナで「センセイ」だ」と続く。主人公にとってその人物は恩師といった濃密な関係ではなかった。ある日たまたま居酒屋で呼びかけられ、昔教わった記憶はあるものの、名前が思い出せず、とっさに仕方なくただ「センセイ」でごまかしたのだ。この場合、意味と遊離して単にそういう音だけを意識させるカタカナの機能が、その人物を指示する記号みたいなものとして、実にうまく働いている。

この作家の、『溺レる』という奇妙な表記の題名を掲げる別の小説には、「カタくカタくイダキあったりアイヨクにオボれたりしてもいいんじゃないの」という一節が出現する。ここでもカタカナのそういう質感を巧みに利用して、「愛欲に溺れる」という言いまわしに付着した感情的・感覚的な生々しさを後退させ、無機的な感じに変質させた。まさに日本語の表記の特色を活用した、文字のマジックである。

異例表記の効能

このように、用字の選択が可能な日本語の特色を活用し、同じ単語でも文字の宛て方で語感の違いを捻《ひね》り出す試みは、文学の分野に限らず一般に盛んだ。「なかむら」という姓を通常どおり漢字で「中村」と書いても特別の語感は働かない。軽い随筆ならやわらかく「なかむら」と書いて気楽な感じを出す手もあるが、論文では漢字で名乗らないと無視されそうだ。「ナカムラ」と書けば、外国に住む日系人が思い浮かぶ。小粋なたたずまいの家の入口に「中むら」と書いた灯を見ると、何だか料亭か小料理屋のような雰囲気を感じるだろう。「寧歌夢楽」と宛てて一人いい気分になる遊びもあるかもしれない。

「フランス」は外国の国名だから、このようにカタカナで書くのが、現代の標準表記だ。だから、「フランス語」も「フランス料理」も特別なニュアンスは生じない。「ふらんす語」というふうに、その部分をひらがなにした看板を見ると、その語学校ではやさしく教えてくれそうで、宿題も出ないような印象に変わる。その代わりいつまで通ってもスタンダールやサルトルの作品を原語で読む段階まで上達しないような雰囲気が漂うかもしれない。また、そこを漢字にして「仏蘭西料理」と書いたレストランの看板を見ると、漢字の重々しい感じが高級感を演出し、店に入る前に財布の中身が心配になるような気がする。

仕上げるのが大変そうな「卒業論文」も、「卒論」と略すと書きやすい感じになり、それを「ソツロン」と表記すると、原稿用紙に数枚も書けば審査に通りそうな雰囲気に一変する。伊藤整は『芸術は何のためにあるか』で、そういう効果を利用して「ワイセツ文書ハンプ罪」と書いた。こんなふうにカタカナになってしまっては「猥褻」も「頒布」も実体が空疎化し、明確な指示がぼやけてしまうからだろう。同様に、「文化クンショー」も「警視ソーカン」も、そう書くことで権威が喪失してしまう。

戦後の混乱期を諷刺的に描いた小説『汽車の中』で、小島信夫は「人げんの尻」と書いた。片脚を上げたが最後、もうもとに戻せないほど、ぎゅうぎゅう詰めの車内で、「片手、片脚しか汽車の上にはない」という状況だからこその表記で、「人げん」と書いたのは「人間」に値しないからだろう。関係や感激を「かんけい」「かんげき」と仮名書きするのも、漢語への不信感であり、結局それは権威に対する抵抗の姿勢でもあると、この作家をインタビューした東京神田駿河台の山の上ホテルで、一九七六年一月十三日の午後、作者みずから解説に乗り出した。

漢字は意味のヒント

そう言えば、あの日、里見弴は「これまで」を「従来」、「しうち」を「行為」と書く宛て字を話題にし、「貧乏もん」を「つまらんもん」と読ませる極端な例をあげると、「稚拙」に「へま」とルビを振った例が好評だったと、みずからうれしそうに追加した。

むずかしい漢字の読み方を示すルビが〈振り仮名〉で、これはどこでもよく見かける。昔は、仮名書きのことばが読者に通じないおそれのある場合、行間に漢字で意味のヒントを示す〈振り漢字〉という方法も試みられた。里見作品のこれらのルビは、朗読するときのむしろ本文にあたり、逆に本文の漢字が実質的に〈振り漢字〉の役を果たしている。

翌年の七月三十日に東京八王寺市子安町の瀧井孝作邸を訪問した折には、「怠惰」と書いて、怠け者を指す飛騨《ひだ》方言の「なまかわ」と振り仮名をつけたら、芥川龍之介に「生皮、そりゃすごいことばだな」と言われたという話を当人の口から聞いた。これもそれに近い。

これらは、日本語だからこそ可能な、贅沢《ぜいたく》な文字遊びとも言えるだろう。特に文学作品では、実にさまざまな表記上の工夫が試みられ、それぞれの小説作品のなかで、それぞれ微妙なニュアンスを醸し出してきたように思われる。

2 漢字を正確に使い分ける

字体変更の余波

戦後間もなく当用漢字表が制定され、いくつかの漢字の字体が簡略な形で採用された。「醫」は「医」、「驛」は「駅」、「學」は「学」、「經」は「経」、「縣」は「県」、「寫」は「写」、「點」は「点」、「體」は「体」、「廣」は「広」、「號」は「号」、「辭」が「辞」となって、書く側の覚える負担が大幅に減った。昔「いとしいとしと言う心」などと記憶したらしい「戀」という字が、いとも簡単な「恋」となり、容易に成就できそうなのはいいが、「亦」と「心」にも見え、相手の心変わりが気になったりする。難解な「圖畫」が「図画」になってしまうと、細密画から素描に変わったようなとまどいを覚える人もあるかもしれない。

まれには気分の問題ではなく、疑問の生じるケースもある。「辨償」も「花瓣」も「辯論」も、ベンの部分がみな同じ「弁」になっては、漢字がその語の意味を分担できなくなる。

また、「藝」の略字と称して世間に出まわっている「芸」の字形は、もともと香草の一種で書物の虫食いをふせぐのに使われたらしい。しかも字音は「ウン」だから、それを「ゲイ」と読ませるのはいささか強引、知識層にはウンと評判が悪い。これでは芸がなさすぎると、文学畑には今でも正字体の「藝」にこだわる人も見かける。一度そういう気概を見せておきたいと思っていたところ、たまたま同じ明治書院という老舗の出版社から著書を相次いで刊行することになった。その機会に、編集者のアイディアに乗って、エッセイ集の書名は異を唱えずに『日本語の芸』で間に合わせ、学術書『文体論の展開』の副題では「文藝への言語的アプローチ」と頑張ってみた。誰も気がつかなかったらしく、いまだ何の反響もない。

同様に、常用漢字表の際には、ともしびを意味する「燈」を降板させ、字体変更と称して、燃えさかる火、烈火を意味する「灯」を起用したため、「電燈」が「電灯」となり、明るすぎて趣がない。イメージも合わないので、こっそり「電燈」を愛用しているが、今では以前と違い古風な雰囲気が漂って、何だか近年のＬＥＤには心理的に使いにくい。思わぬ伏兵に困っている。それでも、この替え玉、本来の字音が「テイ」であり、「トウ」ではないから、俗字というより明らかに別字であり、何とも始末が悪い。

タイプ別誤字の系統

いくら達意の文章でも、誤字や脱字が多いと信用を失い、ひいては書き手の教養が疑われる。誤字は誤字でも「親不幸」「家事見舞」「強要科目」「口臭衛生」「脂肪届」「無痛糞便」「論理の秘薬」などという粋人の意図的な作品は、それなりに意味が通って笑わせるが、うっかり間違えると逆に笑われる。その不注意による誤字には、いくつかのタイプがある。

第一は、「均衡を保つ」の「衡」を「衝」、「精神分析」の「析」を「折」、「脱穀機」の「穀」

を「殻」と書いてしまうように、字形の似通った別字と勘違いするタイプ。

第二は、「縁」と「緑」、「廷」と「延」、「綱」と「網」のように、字形の一部が共通した別字と紛れるタイプ。

第三は、「陰謀」に「隠」、「往復」に「複」、「講義」に「議」、「専門」に「問」を書きやすいように、字形も似ている同音の別字を書いてしまうタイプ。

第四は、「違和感」に「異」、「応対」に「待」、「独占」に「専」を宛ててしまうように、意味に共通性があって混乱するタイプ。

第五は、「群集心理」に「群衆」、「絶体絶命」に「絶対」、「寺子屋」に「小屋」を書きやすいように、ことばの一部に同音の別語を連想しやすいタイプ。

第六は、「異常」と「異状」、「作成」と「作製」、「習得」と「修得」、「配付」と「配布」のように、読みが同じで意味にも共通点がある紛らわしい別語と取り違えるタイプ。

第七は、「遅れる」と「後れる」、「収める」と「納める」、「断つ」と「絶つ」、「放す」と「離す」のように、和語を意味の微妙な違いに応じて書き分ける際に混乱の起こるタイプだが、これらは漢語ではないので、自信の持てない場合には、ひらがなで書いてもみっともないことはない。

使い分けたい漢字の一覧

何が紛らわしいかは人によっても違うから、その一覧を示すわけにはいかない。今なぜか都合よく手もとにある著書『漢字を正しく使い分ける辞典』（集英社）から、特に使い分けの紛らわしいことでしばしば話題になる例を抜粋し、参考までに列挙しておこう。
まずは何といっても、読みが同じでしかも意味の似た同音類義語である。

意思／意志　移動／異動　移譲／委譲　温和／穏和　改訂／改定
回答／解答　解放／開放　鑑賞／観賞　擬似／疑似　基準／規準
競演／共演　協同／共同　健診／検診　好意／厚意　五感／五官
作意／作為　私案／試案　時機／時期／時季　実体／実態　修業／修行
侵入／浸入　盛装／正装　節制／摂生　同士／同志　復原／復元
不要／不用　編成／編制　褒章／褒賞　保証／保障　明月／名月
黙礼／目礼　用件／要件　予言／預言　連携／連係　労使／労資

次に、和語に漢字を宛てる場合の同訓語の特に紛らわしい例を並べておこう。

合う／会う／遭う／逢う　開ける／明ける　足／脚　温かい／暖かい
怪しい／妖しい　荒い／粗い　表す／現す　痛む／傷む　写す／映す
大型／大形　偏る／片寄る　革／皮　変わる／替わる／換わる／代わる

聞く／聴く　利く／効く　蔵／倉　棹／竿　下げる／提げる
締める／絞める　耐える／堪える　戦う／闘う　浸かる／漬かる
継ぐ／次ぐ／接ぐ　作る／造る　勤める／務める　出会う／出合う
解ける／溶ける／融ける　取る／捕る／獲る／採る　上る／昇る／登る
畑／畠　髯／髭／鬚

ともかく迷ったら、迷わずに必ずすぐ辞書を引いて確かめることである。

3　仮名遣いのルール

仮名の誕生

漢字は原則として発音と意味の両方をあらわす。表音文字と表意文字を兼ね備えた表語文字としての漢字を、正式の文字すなわち本字と位置づけ、「真名《まな》」と呼んだ。その漢字本来の用法ではなく、日本語の音をあらわすのに利用するという変則的な用法を「仮の名」と位置づけ、「かりな」「かんな」「かな」と呼ぶようになったらしい。

漢籍や仏典の註釈用の符号として、漢字を簡略化したカタカナが生まれた。「二」「三」「八」

「千」は、ほぼそのままの形で、順に「ニ」「ミ」「ハ」「チ」となったが、「イ」「エ」「タ」「ム」がそれぞれ「伊」「江」「多」「牟」の一部をなすように、漢字の一部分を独立させたものが圧倒的に多い。「ア」「サ」「ス」「ル」のように、「阿」「散」「須」「流」のどこを残したのかわかりにくい例もあるが、それぞれの漢字のどこかに、そのカタカナと似た部分が見つかるはずだ。

一方、ひらがなは漢字を速く書くために崩した草書体として生まれた。「安」「以」「計」「寸」「太」「仁」「波」を崩して、順に「あ」「い」「け」「す」「た」「に」「は」となったのはわかりやすい。「左」「知」「美」「武」「留」「遠」が順に「さ」「ち」「み」「む」「る」「を」となったあたりも、なんとか見当がつきそうだ。

「宇」「於」「加」「久」「己」「之」「世」「曽」「川」「天」「止」「奴」「乃」「比」「不」「保」「女」「毛」「利」「礼」「呂」は、同じ漢字からカタカナとひらがなが作られたという。五十音順に並べてあるのをヒントに、それぞれ何と読むか考えてみよう。どの字でも、同じ漢字がどう変身したかを比べると、カタカナとひらがなの特徴の違いがよくわかる。

仮名遣いの基本

このような仮名の発明により、日本語の音を自由に記載できるようになった。単語を仮名で表記する場合のきまりが「仮名遣い」である。音韻と文字とが一対一の対応をなしているかぎり、何の問題も起こらない。ところが、長い間に発音が変化すると、書かれた文字はそのまま残るから、音と字との対応にずれが生じる。古くは「い」と「ゐ」、「え」と「ゑ」、「お」と「を」とがそれぞれ別々の音に対応していたのに、次第に音の区別がなくなり、さらに「ひ」「へ」「ほ」と書いてきた音も「い」「え」「お」と書く音と区別がつかなくなるなど、音の種類が減って平安時代の末期にはすでに表音文字としては仮名の数が余るようになっていたらしい。そのため、同じ音に対して複数の仮名をどう使い分けるかという問題が発生し、その解決のために仮名遣いが論じられるようになった。

考え方としては、平安中期以前の文献を模範としてそれに従う歴史的仮名遣いとするか、割り切ってその時代の発音どおりに書き記す表音主義に徹するかに分かれるが、両者の折衷案もある。戦前は歴史的仮名遣いを採用し、「笑顔」は「ゑがほ」、「扇」は「あふぎ」、「相撲」は「すまふ」、「参る」は「まゐる」、「前祝」は「まへいはひ」、「折り返す」は「をりかへす」と、すべて昔どおりに書き記す方針を採用した。「匂」を「にほひ」と書くのにつられてか、本来「かをり」と書くべき「香」を、誤った類推で「かほり」と思い込む例が出現し、その移り香に気づかぬまま現代に至ることもある。

表音式の例外

第二次世界大戦終結直後の、伝統をかなぐり捨てる風潮から、反動的に表音式に近い「現代かなづかい」が制定され、一九八六年に若干の改定を加えた「現代仮名遣い」となって今日に及んでいる。これを「新仮名」と呼び、伝統的なのを「旧仮名」と呼ぶこともある。可能な限り現在の発音に近づけようとする、この急激な変化に対する人の態度で、意外なことに気づく。妙に進歩的な日本語学者に比べ、外国語畑の人のほうが、文字と発音のずれに対して寛容な傾向のあることだ。最新の「橋」でもコンクリート偏に変更せず木偏のままで特に違和感を覚えないように、歴史の長い言語では綴《つづ》りが今の発音とずれてくるのは当然だという意識らしい。英語の「アライブ」のrは一つでいいとか、発音しないghや語末のe、フランス語の語頭のhは不要だとか、大人はそんなことを考えないのかもしれない。

ともあれ「現代」と名乗る仮名遣いでは、ほとんど発音どおりに書くようになったが、いくつか例外もあって、幸か不幸か、完全な表音文字という段階までには達していない。

例外の第一は助詞の表記で、実際には「投手ワ外角エ直球オ投げた」と発音するのに、助詞の部分を従来どおり「は」「へ」「を」と書くことである。こうすることで助詞が明確になり、文中のことばの文法的な格関係がとらえやすくなる。

第二は、長音の処理で、これも原則を受け継ぎ、ア・イ・ウ・エ列の長音は、実際にはアー・イー・ウー・エーと発音しても、それぞれ「あ・い・う・え」を添えて「おかあさん」「にいさん」「きゅうり」「ねえさん」のように書くのが原則である。ただし、「塀」「時計」「丁寧」のような語は、実際の発音が「エイ」であるか「エー」であるかを問わず、「い」を添えて「へい」「とけい」「ていねい」と書く。

第三は、オ列の長音で、これだけは他の長音と違って、「オー」と発音しても「お」ではなく「う」を添えて、「おとうさん」「おはよう」のように書くのが原則である。ただし、伝統的にオ列の仮名に「ほ」を添えて書いていた「狼」「頬」「炎」「凍る」「通る」「催す」「多い」「大きい」「遠い」といった語は別扱いし、「お」を添えて「おおかみ」「とおる」「おおきい」のように書くきまりになっている。伝統を生かそうとしたこのルール、歴史的仮名遣いになじんでいない世代には狐《きつね》につままれた感じかもしれない。「扇」はかつて「あふぎ」と書いていたので、この例には該当せず、原則どおり「おうぎ」と書く。

四つ仮名

第四は偶然〈四つ仮名〉となる。室町時代から発音の区別がなくなったとされる「じ」と「ぢ」、「ず」と「づ」という計四つの仮名の使い分けである。実際の発音は、その音が単語のどの位置に現れるかといった環境の違いによって、「ジ」「ズ」という摩擦音になる場合と、「ヂ」「ヅ」という破擦音になる場合とがあるが、新しい仮名遣いではそういう現実の音とは無関係に、原則として「じ」「ず」と書くことにしてある。

ただし、これには例外的なきまりが二つある。一つは、その濁音が同じ音の連呼によって生じた場合で、「ちぢむ」「ちぢれる」「つづく」「つづみ」「つづる」と書く。「いちじるしい」「いちじく」や「ずつ」などはこのきまりに該当せず、原則どおりにこう書く。

もう一つは、二つの単語が連結して濁音化した場合で、「はなぢ」「そこぢから」「まぢか」「てづくり」「みちづれ」「こづつみ」「ひげづら」「みかづき」「いれぢえ」のように書く。順に「血」「力」「近」「作」「連」「包」「面」「月」「知恵」というもとになった語の意味がわかりやすいからだ。「ちかづく」「もとづく」「つくづく」「つねづね」もその例である。

趣旨はよくわかるが、実際の運用はけっこうやっかいだ。それはあくまで現代語の意識で容易に分解できる場合に限ったからである。「稲妻」「杯」など一般に切れ目の意識が薄い場合は、「じ」「ず」で書くほうを本則とする。「いなづま」「さかづき」と書いても誤りにはならないが、許容のほうはどうしても肩身が狭い。語構成をどこまで意識するかは、各人の関心や教養によって違ってくるから、「こづく」「どくづく」と「うなずく」「ぬかずく」、「たづな」と「きずな」の関係など、むしろ学のある人ほど迷う結果になる。まことに皮肉な現象だと言わねばならない。

4　送り仮名は例外を覚える

送り仮名の起源

中国の古典が日本に伝わった当初は、当然みな漢字だったが、日本人はそれを日本語として読む工夫を重ね、やがて漢文訓読という独特の読み方が成立した。その際、訓読の便を考えて漢字の右下に小さなカタカナを添えた。たとえば動詞の場合、漢字の「習」に「フ」を添え、それをヒントに「ならふ」と読むように指示する。こういうふうに活用語尾を添えたいわゆる〈捨て仮名〉が、今日の〈送り仮名〉の始まりであるとされる。

このように、日本語を漢字と仮名で書きあらわす必要から生じた〈送り仮名〉は、漢字仮名交じり文が普及するのにともない、単語の表記法として規則が次第に整備されていった。現代表記の基準としては、一九五九年に制定された「送りがなのつけ方」の改訂版にあたる一九七三年告示の「送り仮名の付け方」をよりどころとしている。漢字を増やす時代の流れを反映して法律の名称も漢字が増えたが、活用語は語尾を送ることを原則としながら、誤読を回避し、従来の慣用にも配慮して例外を認める、という基本方針はそのまま受け継がれた。

活用語の原則

動詞・形容詞・形容動詞という活用語では、活用語尾を送るのが大原則である。それに従って、「思う」「走る」「読む」、「薄い」「速い」「良い」のように送り仮名をつける。

漢字一字の読みは一般に二拍以内が多いこともあり、このように語幹の部分が二拍以内であればごく自然な感じだ。「表す」「現す」「著す」「行う」「考える」「断る」や「賢い」「短い」のように、語幹が二拍より長くなると、いささか不安になる。副詞の「必ず」を「ら」から送ってしまう誤用も、そういう心理的な作用から起こる。しかし、もっと長い「潔い」や「承る」をも含め、これらはすべてこのように原則どおりに送ればよい。

規則の適用を緩やかにするために〈許容〉を大幅に増やし、「生まれる」は「生れる」、「行う」は「行なう」、「聞こえる」は「聞える」、「打ち合わせる」は「打ち合せる」「打合せる」でもよいとあるが、両方覚えるよりも本則で通したほうが単純でむしろ楽である。

活用語の例外

例外さえなければ話はこれで終わるのだが、あいにく原則どおりにいかない場合がある。その例外の一番目は、語幹が「し」で終わる形容詞で、「著しい」「美しい」「惜しい」「珍しい」のように、その「し」から送るという別のルールがある。

例外の二番目は、語幹に「か」「やか」「らか」を含む形容動詞の場合で、これらはいずれも「静か」「暖か」「健やか」「明らか」などと、その部分から送って「だ」をつける。

例外の三番目は、説明もなく単に「次の語は、次に示すように送る」として、「味わう」「教わる」「食らう」「捕まる」「明るい」「危ない」「危うい」「少ない」「小さい」「冷たい」「幸いだ」「幸せだ」などの例が並んでいる。

活用語尾だけを送ったのでは、他の語と区別がつかなかったり、きわめて読みにくかったりするという判断からの配慮であると思われる。それでも、「おどかす」と「おびやかす」とが、ともに「脅かす」となるなど、未解決の問題は残るが、いずれも和語だから、文脈上紛らわしくなければ、ひらがなで書いても特に違和感はないはずだ。

もう一つの例外は、ある語の語幹の部分に他の語を含む場合で、その際には、含まれている語の送り仮名に合わせて送る、というものである。

たとえば、「押さえる」には「押す」、「聞こえる」には「聞く」、「照らす」には「照る」、「向かう」には「向く」、「浮かぶ」には「浮く」、「生まれる」には「生む」、「勇ましい」には「勇む」、「頼もしい」には「頼む」、「輝かしい」には「輝く」、「落とす」には「落ちる」、「冷やす」には「冷える」、「終わる」には「終える」、「重たい」には「重い」、「憎らしい」には「憎い」が含まれていると考え、それぞれ後者とつじつまが合うように、前者の送り仮名を調節するのである。いずれの場合も、活用語尾よりも多く送る結果になる。

活用しない語の送り仮名

活用のない語のうち、「山」「花」「鳥」「女」「心」「何」のような、もともとの典型的な名詞は原則として送り仮名が要らない。

ただし、次の語は最後の音節を送るとして、「辺り」「勢い」「互い」「便り」「半ば」「情け」「斜め」「自ら」「災い」や「一つ」「幾つ」などの例が示されている。送らないと、「辺」「便」「情」「一」という漢語と区別がつきにくい。「後ろ」は「のち」と区別するため、「幸い」と「幸せ」もその両語を明確にするのがねらいだろう。

本来の名詞でなく、「動き」「恐れ」「願い」「晴れ」「遠く」のように、活用のある語から転じた名詞、および、「大きさ」「重み」「惜しげ」のように、活用語に「さ」「み」「げ」をつけた名詞は、もとの語の送り仮名を適用する。この場合でも、古くから名詞として用いられ、名詞としてなじんでいる「頂」「帯」「趣」「係」「組」「煙」「恋」「氷」「志」「印」「畳」「隣」「話」「巻」などには送り仮名をつけない。

「必ず」「少し」「再び」「全く」などの副詞、「来《きた》る」「去る」などの連体詞、「及び」「但し」などの接続詞は、このように最後の拍のみ送る。その結果、「来る」という表記だけでは連体詞の「きたる」と動詞の「くる」との区別がつかなくなる。

慣用が固定している名詞

送り仮名なしで慣用が固定していると認められる語は、従来の慣用に従う。「合図」「合間」「息吹《いぶき》」「植木」「浮世絵」「請負」「受付」「受取」「売上金」「売値」「絵巻物」「置物」「織物」「買値」「書留」「貸付金」「貸家」「鎌倉彫」「借入金」「気付《きづけ》」「切手」「切符」「繰越金」「小売商」「小包」「組合」「消印」「木立」「子守」「献立」「桟敷《さじき》」「座敷」「試合」「敷石」「敷地」「敷物」「時雨」「仕立屋」「字引」「関取」「建物」「立場」「築山」「積立」「手当」「頭取」「取扱所」「取次」「取引」「取締役」「仲買人」「名残」「雪崩《なだれ》」「並木」「乗換駅」「乗組員」「場合」「羽織」「博多織」「葉巻」「番組」「番付」「引受人」「引換券」「備前焼」「日付」「歩合」「吹雪《ふぶき》」「踏切」「振

替」「振出人」「迷子」「待合室」「見積書」「申込書」「物置」「物語」「役割」「屋敷」「夕立」「行方」「両替」「割合」「割引」などがそれにあたる。

5　意味の微差からことばをしぼる

意味用法も時代とともに

誤字や脱字がなくとも、ことばの誤用が目だつと、文章そのものの信用にかかわる。完全な誤用は気がつきやすいが、神経を遣うのは時代とともに微妙に変化する現象にどう反応するかという態度の問題である。「新た」の意の「あらたし」から「あたらしい」が生じた当初は、「惜しい」意の「あたら」と紛らわしく抵抗があったと想像されるが、時代を経た今は何の違和感もなくなっている。完全に定着するまでの扱いが難物なのである。

国立国語研究所に在職中、当時の岩淵悦太郎所長からこんな失敗談を聞いた。「小銭しかない」のように名詞につく助詞の「しか」の説明で、編纂《へんさん》中の中学の文法の教科書に、動詞につく例を何の疑いもなく載せようとして、東京にそういう言い方はないと注意され、それが福島県白河の方言だったことに気づいたという。今では「やるしかない」のような言い方が大手を振ってまかり通るが、この変化はそう古いことではないようだ。そうと知って以来、動詞につく用法によけいひっかかりを覚え、今でも毅然《きぜん》と「やるほかはない」で通しているが、日常会話になじまないので困る。

「いまだに筆で書いている」という言い方はどうだろう。「今」にダニが寄生したのではなく、「未だ」に「に」がついた形だから、本来は「いまだにパソコンを使わない」のように打消の形で使うのが筋だった。現在では国語辞典に両方の用法が載るまでに、その用法が認可されているから、抵抗を覚える人があっても、もはや趣味の問題に近いだろう。

うっかり「とんでもありません」「とんでもございません」と言いやすいが、「とんでもない」の「ない」は打消ではなく、「幼い」「しがない」「はかない」などと同様、形容詞の語尾だから、「とんでものうございます」が丁重すぎるなら、「とんでもないことです」「とんでもないことでございます」あたりの範囲でやりくりするのが無難だろう。

昔、浦島太郎のレコードを聞いていて、乙姫さまを「それはそれは美しいでした」と説明するのにびっくりしたことがある。「美しかったです」とすればいくらか抵抗が減るものの、それでもすっきりとはしない。「きれいだ」とは言うが、「美しいだ」とは言わない。「だ」がつかない形に「です」をつけることには今でも抵抗を感じ、自分では使わない。

山梨県甲府市の講演でその話をしたら、聴衆の一人が、長くスイスに住んでいて久しぶりに帰国したら「うれしいです」と言われて面くらったと、さもうれしそうに語った。自分が日本を留守にしていた間に起こっていた変化だとわかって納得したのだろう。そういえば、一九五〇年ごろに出た本に、「歯がゆいです」「多いでした」はそれぞれ「歯がゆく思います」「たくさんありました」が穏当だという指摘があるところを見ると、その頃に変化が目立ち始めたものらしい。同じ本に、「出れる」「見れない」などは許容できないとあるのは、一段活用の動詞にそういういわゆるラ抜きことばが出現したのもその時期で、すでに問題になり始めていたことを思わせる。カ変動詞の「来られる」に「来れる」という形が現れたのは、もっと早いはずだ。

六〇年代に入ると、「着かえる」を「着がえる」と言う人が現れ、今では本家の「着かえる」のほうがむしろ影が薄い。その後も、「耳障り」が「耳触り」と誤解されて「耳ざわりがいい」といった奇妙な表現が幅を利かせ、とうとうその勢いが止められなくなったと判断したらしく、つい最近、それを別語として認定する辞典も現れた。

さらには、伝統的にマイナスイメージだった「こだわる」という動詞に、近年は「徹底して味にこだわる」といった、むしろプラスイメージの用法が広がっている。かつては恐怖や寒さなどに限って用いてきた「鳥肌が立つ」という慣用的な言いまわしにも変化が見られる。迫真の名演技や水際立った好プレーを目の当たりにして感動した場合などにも使う例が現れ、今やそれが主流になりつつあるほどに、用法が広がった。

特に、「大丈夫」の意味用法は飛躍的に拡散し、世代間で話が通じなくなりつつある。ある国語学者が髪を洗ってもらっている途中、美容師に「大丈夫ですか」と声を掛けられ、あわてて「大丈夫です！」と叫んで立ち上がったという。店の側では、どこか痒《かゆ》い箇所か洗い足りないところはないかと念のため確認する決まり文句のつもりだったのだろうが、客は自分の様子がおかしいので脳か心筋の梗塞でも心配して声を掛けたと思い込んだらしい。

時代の趨勢に一切耳を貸さないという態度では、頑固な文章しか書けないが、世間におもねて風潮に乗りすぎると、軽佻浮薄《けいちょうふはく》な文章になってしまう。あくまで無理をせず、気がついて迷ったら伝統に従う、そんな程度のこだわりが粋なのかもしれない。

お名前は？

似たような意味でも、用語の選択がシャープでないと、情報の輪郭がぼやけ、相手に意図どおり伝わらない。だから、できるだけ意味を正確に伝えることばを選んで使いたい。

「名前」を尋ねられて一瞬とまどうことがある。自分の名を忘れたからではない。「名前」という語が正確に何をさすか、場面や文脈によって違うからだ。「中村明」と答えるべきか、「中村」だけでいいのか、それとも「明」の部分を求められているのかという判断が必要になる。

「名」としても問題は一向に解決せず、「そのほう名は何と申す」といった時代がかった感じもあって、かえってしっくり来ない。万策尽きたのか、近年は世間で免税の英語を輸入して「ファーストネーム」という長たらしい語を借用するが、いまだ返却のめども立っていない。

このように単語の意味があいまいな場合は、「姓名」「氏名」や「姓」「苗字」の意味ではこの「名」や「名前」という語を用いず、「下の名」「名前のほう（だけ）」という言い方をする配慮がほしい。単語の意味があいまいであれば、こんなふうに文脈を補ってわからせる。相手に伝えるのは個々の単語の意味ではなく発言全体の意図である。それが表現の基本である。

「天気」と「天候」

「天気」も「天候」も似たようなことをさすと日ごろ何となく思っているが、考えてみると意味にずれがあることに気づく。「天気」は通常「晴」「曇」「雨」といった空模様をさすが、「あした天気になーれ」の場合は「晴」だけをさす。「天候」は晴雨だけでなく気温や湿度や風の状態をも含む。だから、「いい天気」でも天候がいいとは限らない。

「時刻」と「時間」

「時刻」は午後九時十二分といった時の一点をさし、「時間」はそこから十時までの四八分間といった幅をもっている。「時刻表」や「時間割」に象徴されるように、時の一点をさすか、点と点との間の線をさすか、という明確な違いがあるはずなのに、日常の用法は必ずしも理屈どおりにいかない。昔はもっとおおらかに、時の流れがある時刻に到達することをも「時間になる」ととらえていた。厳密に点と線の区別をせず、何となく両方を含めた「時」の概念を日常は「時間」という生活のことばとし、「時刻」は専門語に近い存在だったのだろう。その名残か、今でも世の母親は「時間ですよ」と言って子供を起こす。教養が有り余って一切の妥協を許さない人間でも「時刻だ、起きろ」とはまだ言わないはずである。

「建築」と「建設」と「建造」

似たような意味の「建築」「建設」「建造」を比べると、日常生活で話題になるのはこの順に多く、連想される規模の大きさはその逆になるだろう。このうち、「建築」はふつうの家屋を建てる感覚で使われ、「建設」となるともっと大きな建物のイメージが強く、ビルやダムなどの連想が働く。「建造」は鉄筋コンクリートのビルや施設、橋や大きな船など、さらにスケールの大きな建造物が思い浮かぶ。また、このうち「建設」だけは「健康社会の建設」「建設的な意見」といった、よくする方向の抽象的な意味合いでも使われる。

「消毒」と「殺菌」と「滅菌」

「消毒」も「殺菌」も、やや専門的な「滅菌」も、薬や熱などで菌を殺すという点で共通するが、微妙に違う点もある。「殺菌」と「滅菌」がすべての微生物を対象とするのに対し、「消毒」は感染の恐れのある病原微生物を対象としている。「滅菌」は一定の空間や物質から微生物を除去する際、残存率が百万分の一以下と、最も低いという。他の語との結合にもずれが感じられ、「消毒液」「殺菌剤」、「日光消毒」「低温殺菌」などでは「消毒」と「殺菌」をたがいに換言しにくい。次に「効果」とくれば、「消毒」より「殺菌」のほうが慣用的で、「傷口」はたいてい「消毒」するのが一般的だろう。

「料理」と「調理」

「調理」するのも「料理」するのも行為としては似たようなものだが、どこか感じが違う。「料理」という語は、家庭で手軽におこなう場合も、一流の料理屋の板前やレストランのシェフが厨房《ちゅうぼう》で腕をふるう場合も、まったく違和感なく使えるのに対し、「調理」となると、専門家が大勢の客のためにおこなうというイメージが強くなる。

もっと決定的な違いは、「料理」は食べられるが「調理」は食べられないという点だろう。「調理」がもっぱら行為をさすのに、「料理」はその行為の結果できあがった食べ物自体をさす場合もあるからだ。「鍋料理」や「郷土料理」に「調理」が使えないのはそのためだ。

候補は多めに

なにげなく「小雨」と書こうとして、念のために『新明解 類語辞典』(三省堂)をめくってみると、その「小雨」と並んで「涙雨」「微雨」「細雨」「煙雨」「霧雨」「糠雨《ぬかあめ》」「小糠雨」と出ている。「大木」の次には「大樹」「巨木」「巨樹」「高木」「喬木《きょうぼく》」と並んでいる。「咲き乱れる」の次には「咲きこぼれる」「咲き競う」「咲き揃《そろ》う」「咲き匂う」「咲き誇る」とある。「品」の次には「品位」「品格」「品性」「人品」「気品」「風格」とあり、「静けさ」の次には「しじま」「静か」「物静か」「静々」「粛々」「粛然」「静粛」「静謐《せいひつ》」「静穏」「静閑」「森閑」「深々」「静寂」「閑寂」「閑静」「閑散」と並んでいる。

「何か」の次は「何やら」「何かしら」「何となく」と並び、「寂しい」の次にも「小寂しい」「物寂しい」「うら寂しい」「侘《わび》しい」「しんみり」「落莫」「索漠」から「秋思」「秋意」「人恋しい」などがずらりと並び、「笑う」の前後も「微笑《ほほえ》む」「口元が綻びる」「相好を崩す」「笑壺に入《い》る」から「にこにこ」「にっこり」「にこり」「にこやか」「莞爾《かんじ》と」「にたにた」「にたり」「にやにや」「にやり」「にんまり」「くすくす」「くすり」「くつくつ」、あるいは「忍び笑い」「大笑い」「高笑い」「馬鹿笑い」「爆笑」「哄笑《こうしょう》」「呵呵大笑《かかたいしょう》」「抱腹絶倒」、そして「笑む」「破顔一笑」「朗笑」「含み笑い」「照れ笑い」「微苦笑」「嬌笑《きょうしょう》」「笑いこける」「噴き出す」「ほくそ笑む」と大量に並んでいるから、それこそ「笑いが止まらない」。

いつも何となく思いついた一語でまかなっているよりも、時には思い立って、日ごろから引き出しに蓄えてある、このような関連語彙の中からこれぞと思う一語を選び出して据える試みを幾度か重ねているうちに、自分の意図にぴたりと合致することばに近づく、こつのようなものがつかめるかもしれない。経験上、候補は豊富に浮かんでくるほうが、それだけほんとの気持ちにこまやかに接近できるような気がする。

6　語感から最適の一語を探る

「生きざま」の語感

『言語生活』という筑摩書房の雑誌の企画で「語感とイメージ」と題する座談会の司会をした折、大岡信が嫌いなことばとして「生きざま」をあげ、谷川俊太郎が即座に「同感」と応じ、辻邦生が深くうなずいた現場を目撃した。近年「壮絶な」「みごとな」「立派な」という賞讃の気持ちをこめた形容をともなってやたらに使われるその語が、「何というざまだ」「ざまはない」「ざまを見ろ」と、これまでずうっと軽蔑の気持ちをこめて使ってきた「ざま」という語の感じと反発するからだ。手軽にインパクトをつけようとする姿勢も反感を招くのだろう。

「外人」と「外国人」

「外人」も「外国人」もよその国の人をさすという点で意味はまったく同じだが、連想に若干の傾向の違いが感じられるかもしれない。「外人墓地」などと古くから一般に使われていた「外人」という語が欧米人を連想させやすく、「外国人」という語のほうが中国人・韓国人、東南アジアや中東の人びとを含む広い範囲を想起させるような気がするのだ。

もう一つ、一時期「ヘンなガイジン」ということばが流行したせいもあり、「外人」という語には相手を軽視するニュアンスがあるとして、「外国人留学生」「外国人の在留資格」など、正式には「外国人」を使用することになったため、使用頻度の減った「外人」に若年層が古風な響きを感じるという意外な傾向が見られるようだ。

「永久」と「永遠」

昔、後楽園球場で長嶋茂雄が「わたしは今日引退をいたしますが、わが巨人軍は永久に不滅です」と挨拶した。ところが、名文句として語り継がれる間にいつか「永遠に不滅」という形で記憶される傾向が生じた。どちらもいつ果てるともなく続く長い時間をさすから意味は同じはずなのに、どうしてこんな奇妙な現象が起こったのだろうか。

「永久歯」「永久磁石」「永久追放」など、「永久」という語は、いかに永くとも、ともかく時間軸でものを考えている。一方、「永遠に名を残す」「永遠に幸あれ」のように、「永遠」にはそういう時間軸を超越した空気が漂う。「半永久的」を「半永遠的」と換言できず、仮に「永遠追放」というものを想像すると人間社会ではなく天国のような雰囲気が感じられるのもそのためだ。あのスピーチでも〝不滅〟という時を超えた栄光を讃えることばとして「永久」より「永遠」のほうがふさわしいとする日本人の言語感覚が働いたような気がする。

「出身地」「郷里」「故郷」「ふるさと」

「出身地」も「郷里」も「故郷」も「ふるさと」も、生まれ育った土地をさすという点でまったく同じ意味をもっている。このうちもっとも客観的で、その代わり味も素っ気もないのは「出身地」だろう。「出身地の役場に問い合わせる」というふうに使い、県や市町村単位に区切る事務的な感じが強い。「郷里に帰って中学時代の友達に逢《あ》った」のように使う「郷里」となると、昔住んでいた地方都市などをなつかしむ気分がいくらか感じられる。「故郷」となると事務的な感じが消え、そういうなつかしい雰囲気がいっそう強くなる。「ふるさと」も同様に、自分を育んでくれた土地という精神的なつながりが深く、幼い日の思い出を誘う。しかも、和語のやわらかい感触が詩的な情緒をかきたてる。「ふるさとの山」も「ふるさとの訛《なま》り」も「心のふるさと」も、「故郷」とするといくぶん硬く響き、「郷里」では夢が薄れ、「出身地」となっては心を揺する美的な空気が拡散してしまう。

感触の違い

「ご飯」も「めし」も「ライス」も、物も味も同じだが、「ご飯」は茶碗《ちゃわん》、「めし」はどんぶり、「ライス」は平たい皿を連想しやすい。「カレー」や「カレーライス」に比べて「ライスカレー」となると、平皿に盛ったライスの上にまんべんなくカレーがかかって脇に福神漬けの載った姿が思い浮かぶ。

「夕方」も「夕刻」も「夕暮れ」も「日暮れ」も「暮れ方」もほとんど同じ意味だが、それぞれ感触が微妙に違う。「夕」も「夕べ」も「夕間暮れ」も「日の暮れ」も「たそがれ」も「薄暮」も「入相《いりあい》」も「火灯《ひとも》し頃」も、どことなく雰囲気が違ってくる。

「祝言《しゅうげん》」とまではいかなくとも「婚礼」を挙げた「花嫁」は、「写真機」を「携《たずさ》えて」伊勢か出雲へ「蜜月旅行」に「出立《しゅったつ》」し、「宿屋」で「ピンポン」や「撞球《どうきゅう》」に興じて舞い戻り、「所帯」を「構え」て「南京豆《なんきんまめ》」を食し、「亭主」に「若《も》しものこと」があると、菩提《ぼだい》を弔いながら慎ましく「後家」を張りとおす。

一方、「結婚式」を済ませた「新婦」は、「カメラ」持参で熱海か松島へ「新婚旅行」に「出発」し、「旅館」で「卓球」や「ビリヤード」を楽しんで帰り、「家庭」を「持ち」、「ピーナッツ」を食べ、「主人」に「不幸」があると「未亡人」になって安楽に暮らす。

前者は八十代以上の老女、後者は五十代ぐらいの中年女性を連想させるかもしれないが、これはことばの魔術である。そういう印象は、そういう語を使う語り手の年齢の違いから連想されるのであり、本来そこに言及されている人物の年齢とは無関係なはずなのだ。だから、「ウェディング・セレモニー」を演じ、「キャメラ」片手にウィーンかフィレンツェの「イン」で「ハネムーン」を満喫したあと「共同生活」に入り、「テークアウト」で手軽に済ませたとしても、その「女子」が若いという証拠にはならないのである。

小津安二郎は自身の監督した映画『宗方姉妹《きょうだい》』の中で、古くならないものこそ新しいと主張した。ことばについても同じことが言えるだろう。読んでいる本の中に、一時期はやった新語・流行語が出てくると、その文章自体が、古風というより、いかにも流行おくれという古くさい感じに受け取られる。もっとずっと古くから長い間使われてきたことばには感じられない黴《かび》くさいにおいである。その意味では、斬新なことばほど早く古びると言えるだろう。

〈語感〉の全体像

前項では、表現する側の人間の年齢に関する〈語感〉を戯画化して紹介してみた。〈語感〉はむろん、こういう語り手自身の年齢以外にさまざまあり、実情は多岐にわたる。『日本語　語感の辞典』（岩波書店）では次の三つに大別し、〈語感〉体系表にまとめた。

A　そのことばから表現者に関するなんらかの情報が相手に伝わるグループ
B　そのことばが使われてきた歴史から何らかの色がついて伝わるグループ
C　そのことばに長い間にしみついた独特のにおいが感じられるグループ

Aでは、「オペ」「婚姻」「梨園」には職業、「一所懸命」「独擅場《どくせんじょう》」には教養、「もってのほか」「昼日中」には驚き、「ピッツァ」「文士」には自負、「心あてに」「とこしなえ」には気どり、「ごねる」「ほざく」には軽蔑、「裏日本」「近眼」には差別意識が感じられる。

Ｂでは、「軟弱」「恰幅《かっぷく》がいい」には男、「清楚《せいそ》」「豊満」には女、「利発」「悪さ」には子供のイメージが濃く、「横領」「着服」「猫ばば」には程度の違いが感じられ、「広島」に比べて「ヒロシマ」からは原爆の連想が強く、「天才」と「秀才」は雰囲気が違う。

Ｃでは、「葉」と「葉っぱ」、「やはり」「やっぱり」「やっぱ」、「来年」「明年」に緊張度の違いが、「視線」に比べて「目線」という語には俗っぽさが感じられ、「寄宿舎」と「寮」、「ハンケチ」と「ハンカチ」には新旧の時間性の差があり、「のめる」と「つんのめる」は勢いが違い、「みぎわ」「天空」「ときめき」「残照」「いつしか」「行きずり」には情緒が感じられ、「淡雪」「油照り」「赤とんぼ」「風花《かざはな》」には季節感が漂い、「駅弁大学」「新人類」「草食系」には滑稽な連想が働き、「素っ裸」と「真っ裸」にはデジタルとアナログの発想の違いがあるように思われる。

まず〈意味〉の面から候補となる語をしぼり、このような〈語感〉の面からの検討を経て、ようやく最適の一語にたどりつく。勘の利いた文章というものは、きっと無意識のうちにも、要所要所でそういう過程をくりかえした末に成立するのだろう。

7　コロケーションをなめらかに

ことばの住み分け

文章の骨格が固まり、文構造も考え、主たる情報を担う重要な単語に関しても、〈意味〉と〈語感〉の双方からしぼって最適の一語にたどりついたとする。それでも、すらすらと運ばないことがある。それは、単語どうしの相性が悪く、結びつきがぎくしゃくして、なめらかに流れない場合である。標準語の中に「びっき」や「けったい」のような方言が交じったり、現代語の中に「翁」や「契る」といった古語が交じったり、大人の文章の中に「あんよ」や「お目め」のような幼児語が交じったりする極端な違和感ばかりではない。

「お勝手」や「湯屋」のような古風な語と「節税」や「負け組」のような斬新な語、「母上様」「おっしゃる」のような丁寧な言い方と「かあちゃん」「ほざく」のようなぞんざいな言い方、「朝ぼらけ」「夕間暮れ」「白日」のような詩語・雅語・文章語などの文体的レベルの高い語と「しょんべん」「せこい」「ひん曲げる」のような口頭語・俗語などの間でも、たがいに反発し合い、ひどければ軋《きし》り音が響き、スパークが飛ぶ。

なじみの語結合

「幕が」の次に「あがる」と続ければ、幕が上方に移動するイメージとなり、「ひらく」と続ければ、幕が真ん中から分かれて左右に移動する感じが強くなる。

同じような意味を持ち、語感の違いもさほど目だたないのに、どこかすっきりしない感じが残ることがある。長い年月たがいにコンビとして使われてきた歴史の重みが働いて、しっくりと合う感じがする単語の結びつきができあがっているのに、それが乱されることもその一因だ。語結合がなめらかさに欠けるからである。そういうなじみの語結合は、特に名詞と動詞との組み合わせに多く見られる。

「哀感を」とくれば「帯びる」「込める」「そそる」「催す」、「足並み」とくれば「をそろえる」や「が乱れる」、「誇りを」とくれば「持つ」「傷つける」、「骨身に」とくれば「応える」「しみる」、「眉を」とくれば「曇らせる」「ひそめる」「ひらく」あるいは「読む」などと続く例が多いだろう。

時に〈コロケーション〉と呼ばれる、この慣用的な語結合を重視して、『文章プロのための日本語表現活用辞典』（明治書院）という偉そうな題の辞書を編集したことがある。通常の国語辞典だと、意味分類ごとに用例はあっても一つぐらいずつだが、この辞典ではそういうなじみの組み合わせを豊富に掲げるように配慮した。たとえば、「感慨」という項目では「感慨無量」「感慨もまたひとしお」のほか、「感慨を＝抱く・持つ・催す」「感慨に＝ひたる・ふける」など、

「行動」という項目では「行動＝的・半径・力」や「自由・集団・単独・直接・別＝行動」のほか、「行動を＝起こす・開始する・とる・控える」「行動に＝移す・走る」などという慣用的な組み合わせを示した。

そのほか、「足跡」は「足跡を＝印す・たどる・残す」、「恐怖」は「高所恐怖症」や「恐怖＝心・政治」に続き、「恐怖に＝おののく・駆られる」「恐怖を＝与える・覚える・感じる」「恐怖が募る」が続く。「話」は「話が＝合う・上がる・落ちる・面白い・違う・つく・盛り上がる・わかる」、「話に＝ならない・乗る・花が咲く・身が入らない・水をさす」、「話を＝合わせる・おいておく・変える・そらす・つける・まとめる・持ちかける・持ち込む・戻す」、などとある。

動詞では、「とらえる」と引くと「意味・核心・機会・実態・姿・特徴・要点を＝とらえる」、「満たす」と引くと「空白・好奇心・杯・条件・腹・要求を＝満たす」などとある。「むさぼる」は「快楽・惰眠・暴利を＝むさぼる」か「むさぼるように＝食う・読む」など、「催す」は「歓迎会・コンサートを＝催す」のほか、「嫌気・眠気・便意・尿意を＝催す」などとしても用いられる。

慣用語結合と用字の傾向

語結合のグループによる意味用法の微妙な違いが、漢字の選択という用字の面に影響を及ぼす場合もある。

今やへたに「東京ゆき」などといくぶん古風な発音をすると、札幌だけでなく東京も雪が降っているのかと誤解されかねないほど、「行く」は「ゆく」でなく、日常の口頭表現では「いく」と発音する人が多くなったが、改まった場などでは今でも「ゆく」と発音する人も少なくない。その「行く」という動詞を例に、語結合と用字との関係を眺めてみよう。

「京都・大学に＝」、「遠く・向こうへ＝」、「太平洋・中山道を＝」、「くるま・電車・船で＝」、「係・連絡・電話が＝」などの後にスムーズにつながるのは「行く」か「往く」だ。「ゆく春」や「ゆく年来る年」の場合は「行く」か「逝く」、出征する意味で「戦争・軍隊に＝」となれば「行く」か「征く」、明らかに逝去の意で「巨匠」の次に続く場合は「逝く」である。「合点・納得・満足が＝」に続く場合や、「うまく・この手で＝」のあとに続く場合は「ゆく」と仮名書きするか「行く」、「年端《としは》も」とくれば「ゆかぬ」と仮名書きするのが一般的だ。「会の雰囲気が次第に盛り上がって＝」「雰囲気がだんだん険悪になって＝」「夜は次第に更けて＝」など、時間の経過を示す場合も、「ゆく」と仮名で書くのが自然だ。

このような慣用的な言いまわし、あるいは、古風な用法や詩的な表現の中では、そういうこなれたことばの流れを大事にしたい。

8　慣用句・諺《ことわざ》をしっくりと

慣用句・諺の誤用

表現の形は正しくても、それを使う相手や文脈や場面に合わないと誤用になる。昔、たいへんな賑《にぎ》わいを見せていることを形容するのに、うっかり「門前雀羅《じゃくら》を張る」と言ってしまったアナウンサーがいたらしい。あとで「門前市《いち》をなす」という言い方があったのを思い出し、きっとあわてたことだろう。

旅行といえば楽しいものと思っている現代人にとって、昔の旅の苦労など感覚的にわかるはずもなく、小さいうちから世間の苦しいことを経験させたほうが結局は子供自身のためになるという意味合いの「かわいい子には旅をさせよ」という諺を、逆に「甘やかす」ことだと勘違いする人もあるらしい。

久しぶりにクラス会を開き、国語を教わった先生を招こうと、「枯木も山の賑わいと言いますから、どうぞお気軽に」と誘ったらしい。就職活動として会社に先輩を訪ね、「溺れる者は藁《わら》をもつかむ」と挨拶する学生がいるとも聞く。文句は間違えていないが、「枯木」扱いにされた先生も、「藁」並みの評価を受けた先輩も、腹に据えかねたにちがいない。

「老いては駑馬《どば》に劣るで、年寄りは遠慮しておこう」などと誘いを断るのを見ても、おやおやと思う。「駑馬に劣る」の箇所から一見へりくだっているように見えて、控えめな老人と思いやすいが、もとにしている諺が「麒麟《きりん》も老いては」だから、実は自分を一日に千里も走る駿馬《しゅんめ》にたとえたことになり、よく考えてみると逆に自慢していることになる。

「棹《さお》」になじみがなくなると、流れに乗る意の「流れに棹差す」を、流れに逆らう意に誤解する人が出現する。親切にしておけば、それがいつか自分にまわってくるという意味の「情けはひとのためならず」を、親切にしてやると、かえってその人のためにならないという意味だと思いこんでいる例もよく聞く。ここの「ひと」は「自分」に対する「他人」をさすのに、「人」すなわち「人間」のことだと勘違いするからだ。「ひとごと」と読ませる「他人事」を「たにんごと」と誤読して新語が生まれるのも、背景は同じだろう。

遠慮の要らない親しい間柄に使う「気が置けない」という言いまわしを、逆に気が許せないという意味合いだと誤解している人も増えているという。住み慣れると住みやすくなる意の「住めば都」を、住むなら何といっても都に限るという意味だと思う人も現れたらしい。

固定連語は正確に

雪辱する意の「汚名返上」をうっかり「汚名挽回《ばんかい》」と言ったり書いたりする例がよく話題になる。これでは逆に「汚名」を取り戻すような意味になってしまう。おそらく「名誉挽回」と混同して起こる失敗なのだろう。

固定的な連語には類縁関係があって、「親戚」も「親族」も「親類」も「身内」も意味としては同じようなものだが、「遠くの親類より近くの他人」というときには「親類」が一番ぴったりする。「立つ鳥跡を濁さず」で「立つ」を「飛ぶ」、「濁さず」を「汚さず」に換言すると、やはり落ち着かない。「極め付きの名演技」は近年「極め付け」とも言うようだが、やはり本来の「極め付き」のほうがしっくりと来る。

「二の舞を」とくれば、やはり「演ずる」がぴたりとはまる。「舞う」でもよさそうだが、中には、「二の足を踏む」と混同して、うっかり「踏む」と書いてしまう例もあるという。「首をかしげる」も、どうかすると「頭をかしげる」と書いてしまいそうだが、頸部《けいぶ》から頭部まで全体が「首」なので、「頭」だとイメージが違ってしまう。「溜飲が下がる」は「下りる」と言っても意味は同じだが、「下がる」のほうが慣用的でよくなじむようだ。

しみじみとした「秋の夕暮れ」が、「秋の夕方」となっては物思う気分が薄れる。まして「秋の夕刻」となっては忙しい感じで、案外、忘れていた用事を思い出すかもしれない。

ほとんど同じ意味のことばでも、組み合わせが変わると、こんなふうにすっかり雰囲気が違ってしまうこともある。自信がなかったら、そのつど辞典を引いて確認したい。辞書を持たずに原稿を書く人を、井上ひさしは、庖丁《ほうちょう》を持たない板前にたとえた。

9　修飾は効率よく

プレーンな文章

帝国ホテルに吉行淳之介を訪ねたあの日、新興芸術派の吉行エイスケすなわち父親の作品を読みたくなかったのは影響を恐れてのことかと切り出すと、この作家は、ちょっと読み出すと「あまりにもキラキラした形容詞、形容句が多すぎ」てすぐ退屈する、プレーンなものを好む自分の趣味に合わないので、数ページの短編も読みきったことがないと往時を振り返った。ごてごてと飾りたてたデコラティヴな文章を書きたくなかったのだろう。

たしかに、現代人が「いい文章」というものの姿を描くとき、乾いた透明なすっきりした文章というイメージを浮かべる人が多い。それまで長い間、厚化粧の着飾った文章、湿った不透明な表現に悩まされてきたせいもあるかもしれない。

いくら飾りのない文章がいいからといって、むろん一切の修飾語が不要なわけではない。形容詞や副詞は文章の調味料だと言う人もいれば、酒みたいなものだと言う人もある。なるほど主食ではない。だから、それなしにも生きてはいけるが、食べ物が味も素っ気もなくなり、人生も味わいを失い、潤いに欠ける。だからぜひ欲しいのだが、あくまで適量が大事だということだろう。

たしかに、醬油《しょうゆ》や酢や胡椒《こしょう》が大量に入っていては味わうどころでなくなるし、泥酔してしまっては潤いも何もあったものではない。あいにく、どの程度を超えると無駄だと数量的に的確に処理できるわけではないから、それぞれ修飾語の必要性に応じて判断するほかはない。

長与善郎の『青銅の基督《キリスト》』に「その細い眼がこんなに大きく開くのかと驚かれるほど大きく眼を剝《む》いてギョロリと女を睨《にら》むと再び眼を細くして」（五〇字）という一節がある。あくまで言語量と情報量という観点から、必須ではない修飾語などを割愛したりしてコンパクトに書き換えてみよう。三段階の案を示そう。

a　細い眼がこんなに開くのかと驚かれるほど目を剝いてギョロリと女を睨むと再び目を細くして（四二字）

b　こんなに開くのかと驚かれるほど眼を剝いて女を睨むと細い眼に戻って（三二字）

c　大きく眼を剝いて女を睨むと細い眼に戻って（二〇字）

右の三段階の書き換えの試案は、原文五〇字の文章片が、字数で、a案でも約二割減り、b案では約四割減り、c案では実に約六割も減っている。それでも、原文中の重要な情報はほとんどすべて残したつもりである。

どの姿がいいかは、その文章のねらいによって違うから、情報が少しぐらい重複してもわかりやすい親切な表現を選ぶとか、特にある点を強調したいとか、あるいはまた、文章のリズムなど、文学上の美的な表現をめざすとか、何らかの表現意図が働けば、それに合わせて最適の表現はおのずと違ってくる。

修飾順のルールと傾向

一つのことばに複数の修飾語がつく場合、それらをどういう順に並べるか迷うことがあり、時には神経を遣う。「隣の家のよく吠《ほ》える犬」の場合は、「よく吠える隣の家の犬」と書いても意味は明確だ。ところが、その前に「評判の悪い」がつくと、それが「隣の家」に係るのか、それを飛び越えて「よく吠える犬」に係るのか、全体の意味がはっきりしなくなる。このように意味のあいまいさに関係する場合は、あいまいでない順序にする。

どう並べても意味の明確さに関係しない場合は、読みやすい順に並べるのだが、そうなると人間の感覚的な問題だから、これという決め手はない。それでも、記事を書く側の専門家の間では、どういう順にすると落ち着いた感じになりやすいか、いくつかルールめいた傾向のようなものはあるようだ。

一つは修飾語の長さの問題で、長いほうの修飾語を先に出すのがこつだという。たとえば、「去年の暮れに神戸の叔父が送ってくれた」「内ポケットの付いた」「淡い緑色の」「袖の長い」「冬の」という順序に並べて、名詞の「服」を修飾するように展開すると、日本語として落ち着いた感じになり、しっくりくるという傾向があるらしい。

次は、「北海道の上空を」「太平洋の彼方に」といったスケールの大きな状況を示す修飾を初めに出すという並べ方が日本人の感覚になじむという。

それから、誤解予防にも関連するが、こんな配慮も必要だろう。「初夏の緑がもえる夕日に照り映えて」と書くと、偶然隣り合った「緑がもえる」という慣用的な表現にひきずられ、「もえる夕日」という連続がぼやけてしまう危険があるため、「もえる夕日に初夏の緑が照り映えて」という順にして、そういう誤解の可能性を未然に回避するのである。

それでも迷うことは多い。「澄み切った」と「空」との間に、同じ長さの「秋の」と「青い」を挟む場合、どちらを先にするか。「青い秋」という連続は避けたいが、「秋の」と「空」との間に、「澄み切った」と「青い」のどちらを先にして挟んでも自然な感じがする。いっそのこと「秋の澄みきった青い空」としてもまったく違和感がないし、その前が「春のおぼろな空」などを話題にしていた流れであったりすれば、むしろそのほうがぴったりするような気もする。しっくりとくるとか、自然で落ち着くとか、なめらかに響くとかといった感覚的な評価というものは、局所的におこなうのではなく、できるだけ大きな流れの中で考えたい。

読み手を信頼して簡潔に

当時、東京の北区にあった国立国語研究所に通っていたころ、近くで「この椅子に毀《こわ》れていますから腰掛けないで下さい」という注意書きを見て異様に感じた。「この椅子に腰掛けるな」という情報を主にし、「その椅子は毀れている」という情報をその理由として組み込もうとして、主情報を二つに分断し、間に理由を挟んだため「椅子に腰掛ける」という密接な関係が切り離されて不自然な流れになったのだろう。

では、どうすればよかったのか。すぐに考えられるのは「毀れていますから、この椅子に腰掛けないで下さい」とするか、「この椅子は毀れていますから、腰掛けないで下さい」とするかだろう。

だが、ここに貼り紙をする目的は、なぜ腰掛けてはいけないかという理由をわからせることではない。けがでもするといけないから、ともかくその椅子に腰掛けないように注意を促すのが目的だ。だから、そこさえ伝われば一応の目的は果たす。その意味では、「この椅子に腰掛けないで下さい」だけでも間に合うのだが、それだと「無断使用禁止」という意味にも解せて、意地悪に思われる恐れもある。ここでは、腰掛けるなという意味の重要な情報のほうを先に出し、「毀れています」と添えるだけで十分だ。理由を表す「から」という助詞などなくても、それで関連は容易にたどれるからである。

適切な表現というものは、それが置かれる場面によっても違う。その注意書きを、もしも近くの塀や壁ではなく、その椅子自体に貼り付けておくのなら、「この椅子」という情報は不要だから、「腰掛けないで下さい。毀れています」とするだけで通じる。大人だけが相手なら、単に「毀れています」と書くだけでも間に合う。世間の常識でわかるからである。

わかることまで書くとどうしても表現が冗長になり、相手に対する礼を失することにもなりかねない。読み手を信頼しないと表現がくどくなり、信頼しすぎるとことば足らずで通じない部分が出てしまう。いい文章はこのバランスの極致に成り立っている。いずれにせよ、文章は書き手と読み手との共同作業であるという紛れもない事実を、胸の片隅に刻んでおこう。

10　あいまいさを自覚する

「あいまい」も曖昧

あいまいな態度、あいまいな回答、結果をあいまいにしておく、結論を導くまでの道筋があいまいで信頼できないなど、人間の行動に関するあいまいさは、たいてい悪い意味だが、国際外交などではある意味でのあいまいな発言や対応が無用の争いを防いでいるのかもしれない。日常生活でも、露骨に批判しすぎると二人の間に亀裂が走り、絶交状態に陥ることもある。むしろあいまいに、やんわりとたしなめるほうが波風が立たないで済むことが多い。愛を打ち明ける緊迫した場面でも、はっきり言いすぎて野暮に響くこともあり、あいまいとも言える遠まわしな表現が夢をかきたてることもありそうだ。

漢語の「曖昧」は、「曖」も「昧」も「薄暗い」意で、ぼんやりとしていてはっきりわからないことを意味する。その点では共通するものの、判然としない背景はさまざまだ。「主張があいまいで具体性がない」というように、抽象的で茫漠《ぼうばく》としている場合もあり、「あいまいな色」のように、はっきり何色と断定できない中間的な存在をさす場合もあり、「あいまいな表現」のように、いくつかの別の意味に解釈できて特定できない場合もある。それぞれニュアンスが違うから、その「あいまい」という語自体が曖昧だとも言える。

音と字のレベルの誤解

その少なくとも三つの意味のうち、ここではもっぱら最後の多義的なあいまいさを問題にしたい。言語表現に限っても、そのあいまいさは多様なレベルで実在する。

口頭表現の場合は、「チンパンジー」と「一般人」のように、よく似た音を聞き違える形で誤解が生じることもある。耳慣れないことばを聞くと、それと似た音の知っていることばを連想しやすい。「ガザ地区」と聞いて「足立区」かと思うのは、そういう例だろう。

酔いつぶれて夜中に墓地で寝ていたという某作家の逸話を夫人から聞いたことがある。いくら発音が似ていても、まさか「酒場」と「墓場」を間違えたわけではあるまい。しかし、旅行の話でイタリアの「ポンペイ」とインドの「ボンベイ」とを混同する例ならあるかもしれない。「トラベル」に「トラブル」は付き物だし、「主婦」も「シェフ」も料理をつくる。人名では「ヘンデル」と「メンデル」も話次第で紛れかねない。趣味の話での「演芸」と「園芸」、病気の話での「抜歯」と「抜糸」や、「鮮血」と「潜血」とを区別するのにけっこう神経を遣う。「科学」と「化学」や「市立」と「私立」などは、文脈をつけるか、説明を加えるかしないと、ほとんど区別がつかない。

以上は文章中に出てくればほとんど問題のない例だが、「リサイクル」と「リサイタル」や、「ピサ」と「ピザ」と「ビザ」などは、口頭でも文字に書いても紛らわしい。近年、外国語の頭文字を組み合わせた、いわゆるABC略語がむやみに増えて、うっかり日本郵政と農協とを混同しそうになる。CD、DM、EU、HB、ICU、KFC、OA、OB、OL、SSなど、複数の意味をもつことを自覚して使わないと、学のある相手を苦しめる。

漢字で書いて意外に誤解を招く例もある。「大谷幸子」という氏名は、すぐ浮かぶだけで読み方が四種類もあって、名刺を受け取っても呼びかけるのに困る。「派手」の反対語である「地味」は、「ちみ」と読むと別語になるし、「人気のない街」も、「にんき」と読むか「ひとけ」と読むかで、まったく違った意味になってしまう。

あいまいさの諸相

「世話をした人」という表現は、親切にする主体をも、親切を受ける対象をもさすことができる。「花を贈った人」も、贈り主をさすこともあり、贈る相手をさすこともある。また、時には目の前に鞄《かばん》があっても「鞄をさがす」ことがある。書類を取り出そうと鞄の中をさがすのはそれだ。むろん、置き忘れた鞄をさがすこともあり、店頭で手頃な鞄を物色する場合もある。「ないものはない」という言い方も、何でもある場合にも使い、ほんとにないのだから無理を言うなという意味合いでも使う。「入れるものがない」という表現は、容器がないのか、中身がないのか、判然としない。「書くものがない」という表現になると、「ない」のが筆記具なのか、原稿用紙なのか、それとも題材なのか、いくつかの可能性があって、明確に特定できなくなる。

実際には場面や文脈によって区別がつくことが多いが、読み手の負担を減らすためには、このような部分的なあいまいさもできるだけ排除しておきたい。そのために日ごろから自覚しておくべき、あいまいになりやすい日本語の主なパターンを列挙しておこう。

第一は、「子供」という単語が、「大人」に対する意味でも、「親」に対する意味でも使われるように、一つのことばが複数の意味に対応する場合だ。「からい」という形容詞も、わさびやカレーの場合と、梅干や塩辛の場合とでは、質の違う辛さを意味している。

第二は、「この服は」のあとに、「汚れやすい」が続くとその生地のその型の服一般をさすが、「汚れている」と続けばその一着だけをさすように、一般か個物かという違いだ。

第三は語義の変化による世代間の解釈のずれである。『日の丸行進曲』に「一人の姉が嫁ぐ宵」という箇所があり、『誰か故郷を想わざる』では「宵」が「夜に」となっているが、いずれにしても「一人の姉」は、たった一人のその姉という意味合いだった。ところが、「少年が一人」という意味で「一人の少年が」という翻訳調の表現が優勢になった現在では、その意味合いが通じにくくなっている。何人もごろごろいる姉のうちの一人ではなく、たった一人しかいないその姉が嫁いで家を出て行く宵だからこそ、しみじみと万感胸に迫るのだ。

第四は、修飾語が対象を限定しているのか、単に説明しているだけなのかという問題に関係する。「大きな家」や「小さな箱」など一般的には、いろいろあるうちのそういう一つを意味するが、「大きな象」「小さな米粒」のように、もともとそういうイメージの名詞が続く場合は、象に代表される大きな動物一般、米粒を典型とする小さな存在という意味合いも併せ持つため、象の中でも特に大きな一頭、米粒の中でも特に小さな一粒という意味との区別が困難で、必ずあいまいさが生じる。

第五は、修飾語の係り先が複数考えられる場合である。「やっかいな生徒の指導」では、「やっかい」なのが「生徒」のほうなのか「指導」自体なのか、そこだけではわからない。

川端康成のノーベル賞受賞記念スピーチのタイトルは「美しい日本の私」だった。この場合、「美しい」という形容は「日本」に係ると解釈するのが自然だが、その判断は自分を褒めるはずはないという常識に支えられているだけで、語学的な制約ではない。その証拠に、もし「私」の位置に「女性」という語が立てば、そこに係ると考えるほうがむしろ自然に感じられるかもしれない。

「再婚した弁護士の妻」という例では、「再婚した」のが弁護士自身なのか、それとも妻のほうなのか、また、「妻」という語も別れた元の妻をさすのか、再婚相手である新しい妻をさすのか、いずれも明白でなく、結果として多様な解釈が可能になる。

前にも何度か行きたくなった人なら、海外経験がなくても高田保の論法に倣って「またパリに行きたくなった」と言えるのは、副詞の「また」が「パリに行く」でなく「行きたくなった」に係る可能性もあるからだ。

第六は、助詞の「が」や「の」が主格以外に、対象のほうをさすとも解釈できる場合である。「花が好きな人」や「うなぎの好きな人」は意味が明白だが、「花」や「うなぎ」の位置に「花子」や「私」のような人間をあらわす名詞が立つと、その人が愛する相手なのか、その人を愛している誰かなのか、両方の意味が可能になる。

第七は、助詞「の」の多様な意味関係である。「歌舞伎役者の娘」は紛らわしくないが、「弁護士の娘」は、弁護士をしている親の娘という意味のほか、娘自身が弁護士であるという意味にもなる。「漱石の本」には、漱石の蔵書も漱石作品も漱石関連文献も含まれる。

第八は、ある種の他動詞で、当人の意志が働いているのかどうか判断できない場合のあいまいさである。「汚れを落とす」のは意図的だが、「財布を落とす」のは当人の意志ではない。「逃がす」も、逃げられるように配慮したのか、逃げられてしまったのか不明だ。

第九として、「AとBと」と一括する場合に二番目の「と」を省いて「AとB」で間に合わせる場合に生じるあいまいさを取り上げよう。「田中と先生を訪ねた」という文は、二人を訪ねたのか、それとも、田中と一緒に先生を訪ねたのか、両方の意味に解せる。「時価一〇〇〇万円分の宝石類と株券の半分」という表現になると、「時価一〇〇〇万円分の」が「宝石類」だけの値段なのか、「株券」を合わせた値段なのか、それとも「の半分」までを含む全体の値段なのかがあいまいなだけではない。「の半分」という箇所も、株券だけの半分なのか、宝石類と株券全体の半分なのかが明白でなく、いろいろな解釈が可能になる。

第一〇として、「ように」のあとに「ない」が来ると必ず起こるあいまいさをあげておく。「兄は姉のように絵が上手でない」という文から伝わる情報の幅を考えてみよう。兄は絵が下手にきまっているのか、姉は絵が上手なのか下手なのか、すべては、「姉のように」を他の要素とどういう関係にとらえるかによって異なり、さまざまな情報が浮かび上がる。

一つは当然ながら、兄が下手で姉が上手である場合で、これは単純だ。

次は、二人を比較すると兄のほうが劣っている場合だが、この原文は優劣を告げているだけで巧拙については言及していないから、二人とも上手な場合も、まあまあの場合も、二人とも下手な場合も含まれ、姉が上手で兄が下手な場合ももちろん含まれる。

考えられるもう一つのケースは、兄も姉もそろいもそろって絵が下手な場合だ。この解釈を選ぶとすれば、その二人の間の優劣に関する言及はないことになるから、ともに技術が劣るとはいえ、相対的には兄のほうが優る場合も、逆に姉のほうがまだ増しな場合も、似たり寄ったりの場合もありうることになる。

たった一つの表現がこれだけ多様な意味合いを抱え込むという事実は驚くばかりだ。いや、感心している場合ではない。ここは、「姉のように」という多義的な表現を避け、伝えたい意味に応じてそれぞれ、「姉と違って」「姉ほど」「姉と同様に」などと、一義的な表現を工夫したい。

11　文脈の働き

文脈に浮かぶ表現

川端康成の初期の小説『伊豆の踊子』の末尾近く、主人公が踊子と別れ、下田から船で東京に戻る場面に、「踊子はやはり脣《くちびる》をきっと閉じたまま一方を見つめていた。私が縄梯子《なわばしご》に捉《つか》まろうとして振り返った時、さよならを言おうとしたが、それも止して、もう一ぺん、ただうなずいて見せた」とある。この場面で、うなずいた人物は誰かを、留学生のみならず日本人でも、きちんと読みとれなくなったらしい。しかも、それを自分の読解力の問題ではなく、「さよならを」の前に主語を書かなかった作者の責任、ひいては日本語の省略表現の構造的なあいまいさのせいだと主張し、母国語を非難する人もあるという。

そういう時代の到来を知って義憤を感じ、作者の、あるいは日本語の濡《ぬ》れ衣《ぎぬ》を晴らしておきたい。相手の理解力を信頼し、想像力を期待して、ことばですべて言い尽くすことを控える、そういう礼節を尊ぶ日本語の精神と論理について私見を述べよう。わかりきったことまでくだくだ述べないのは、情報の空白部分や論理の隙間は聡明な相手が埋めてくれると信じているからである。次第に本を読まなくなって想像力が鍛えられず、特に小説を読み慣れない読者など、伝統的な手法によって生ずる空白部分を埋めきれず、そういう文脈に依存する省略表現について行けなくなってきているのかもしれない。

しかし、文章を構成する個々の単語は、それぞれ独立して情報伝達に全責任を負っているわけではない。語は表現の中にあり、表現は文の中にあり、文は文章の中にある。どの書き手も、その「文章」の意味が読み手に正しく効果的に伝わることを目ざして、それぞれの表現に託すのであり、あくまでその中で一つ一つの語が働いているのである。

あの場面はこういう文脈を背負ってあの位置に置かれた。主人公の「私」が旅芸人の一行と別れていよいよ出立する日の朝、近づくと踊子は「黙って頭を下げた」。話しかけても「掘割が海に入るところをじっと見下したまま一言も言わ」ず、「私」が話している間も「何度となくこくりこくりうなずいて見せるだけだった」と、すっかり無口になって別れをかみしめている踊子の姿を印象的に描いている。引用文中の「やはり」はそういう文脈を受けており、別れのことばを叫ぼうとする様子を一瞬ちらと見せたものの、口にする代わりにただ「うなずいて見せた」。それを作者が「もう一ぺん」と書いたのも同様だ。

しかも、このあたり一帯、すべて「私」が見た対象の描写が続いているのだ。そういう文脈の流れを背景にしたこの一文で、うなずいた人物が踊子であることは紛れようもない事実である。

ましてて作品をそこまで読んできて、ここを誤解する読者など一人もいないはずなのだ。

助詞がコントロール

にもかかわらず、突如としてその一文だけを読まされた人間にとって、そういう自然な解釈を妨げるものがあるとすれば、声となって発せられなかったことばが「さよなら」であると特定できるはずがない、とする素朴な思い込みだろう。作者の助詞の正確な使用に注目したい。一つは「さよならと」ではなく「さよならを」と書いた点だ。前者ならサヨナラという語に限られるが、後者はそういう特定の語形に代表される別れの挨拶という意味合いが強くなる。こんな距離で複雑な話ができるはずもなく、何か叫ぶとすれば別れのことばと見当がつく。

さらに決定的な証拠は、作者が「私は」でなく「私が」という助詞を採用したことである。もしも「振り返った」のも「さよならを言おうとした」のも「うなずいて見せた」のも同じ人物であるならば、日本語では「私は」と書く。練達の士であるこの作家がそこを「私が」と書いたのは、その主語の支配が「振り返った時」で終わり、「さよならを言おうとした」までは及ばないと判断したからであり、それ以降は別の主語すなわち踊子を想定していたことは確実だ。そこにあえて「踊子は」という主語を書かなかったのはなぜか。直前の文に「踊子は……見つめていた」とあり、その主語の支配が次の文にまで及んでいるからだ。すなわち、「私が」という従属節の主語の支配の終わる「振り返った時」よりあとの、その文の中心をなす主節の主語として、前文の主語が潜在的に働いているという判断である。流れとして文意の明らかなその箇所で再度「踊子は」という無駄な主語を重ねて駄目を押すくどい書き方を、日本語の名手、川端の美意識が許さなかったのだろう。

12　敬意表現にその人が映る

敬意に関係する行動

今は一棟のアパートと一三軒の民家に変貌したが、そこが空地だったころ、打撃自慢の子供たちの打ったホームランかファールかが低いフェンスを越え、羽目板か窓ガラスに当たって、わが家の狭い庭に飛び込む。百回や二百回のことではない。打った張本人の親分ではなく、たいてい子分が派遣されてボールを取りに来る。こわごわ呼び鈴を押した昔と違い、最近の子供は胸を張り、「すいません、ボールを取らしてください」と堂々と申し込む。はきはきしていいのだが、内容と態度が合わず、どこか心にひっかかる。地元の中学から雑文を求められた際、「「すいません」はうつむき加減に」と題して気軽にそのことを書いたら、校長が朝会でその短文を紹介したと聞いて面くらい、背中を冷たい汗がつたった。

「すみません」はもともと、迷惑をかけた実質的・精神的損害を帳消しにすることなどとうてい不可能だから、ひたすら赦《ゆる》しを請うほかはないという意味の「済まない」気持ちの表明だから、肩で風を切って邸内に入り込む際の挨拶として胸を張って言うことばではない、下を向いて口ごもるなり、それにふさわしい態度があるのではないか、そんな気持ちを、ついぽろりと大人げもなくもらしてしまったのだ。

態度が反映

デスクに向かって執務中の社員に上司が近づいて声をかけると、話しかけられた部下がすぐ立ち上がって応対する場面を見てきた。今は相手が部長でも腰かけたまま受け答えする傾向にあるという。ことばだけでなく、そういった態度を含めて、総合的にその人間の丁重さが相手に印象づけられる。大声を出し、早口でまくしたてるのはたしなみがなく、どんな敬意表現もそれだけで値打ちが下がる。同様に、いかなる丁重な書簡も、なぐり書きにしては台無しになる。一つ一つの行為を通じて、その人柄が問われているのだ。

往復はがきの返信用に、宛名が印刷されており、「行」とあるのを、返信する側が「様」「殿」「御中」などに書き換える慣用があった。近年は、当人が自分の名にあらかじめ「様」をつけておく例も目立ってきた。相手が書き直す手間を省く親切なのだろうが、非常識に見える。「行」のまま敬称なしに投函する相手が増えてきたのかもしれない。なるほど、これなら相手に腹を立てることは避けられる。

返信する側の心得としては、「御芳名」や「芳名」を「名」に直し、「御住所」「お電話番号」「御出席」「ご欠席」などの「御」または「ご」や「お」を消したうえで、それぞれの情報を記載することになっている。昔、いたずら心を起こして、国語国文関係の専門家の集う学会の出欠の返事で実際にどの程度励行されているかを調べてみたことがある。そこで意外な事実が判明した。出席と回答した人では九割近くがその常識を実行しているのに対し、欠席回答の人ではわずか五割にとどまったのだ。両者に知識の差は多分ないはずだから、その会に対する熱意の差が反映したのだろう。

返信用のはがきの文面は「出席」または「欠席」に○をつければいいようになっているのだが、丁寧な人は「都合により」とか「させていただきます」とか、さらには「いつも御連絡をいただき恐縮に存じます」とかと書き添える。

こうなると、言語行動には、単なる知識だけでなく、その人間の態度や性格の違いまでもが浮き彫りになると考えざるを得ず、油断がならない。何だか恐ろしくなる。敬意表現が心の問題であったという原点を見失わない行動が必要だと痛感した。

敬語の知識

行動にいくら気を遣い、慎重に場を選んで、ここぞというタイミングで敬語を用いても、肝腎のその使い方が不適切では話にならない。特に目だつようになった問題の例をいくつか指摘しておこう。

伝統的に謙譲表現として用いている「お（ご）……する」という形を、逆に尊敬の表現として、「お待ちください」の意で「ここでお待ちしてください」と言ったり、「お持ちでない方」の代わりに「券をお持ちしてない方」と言ったりするのが、その一例だ。「ご愛用ください」の意の「ご愛用してください」、「ご相談ください」の意の「ご相談してください」など、この誤用はかなり広く分布しているようだ。

この「する」が「できる」になっても同じ問題が生ずるので、「お申し込みになれます」の意で「お申し込みできます」、「ご利用になれます」の意で「ご利用できます」と表現することは控えたほうが無難だろう。

次に、本来「する」の謙譲語である「いたす」を逆に尊敬の意味合いで使ってしまう例を取り上げよう。「先方にご連絡なさいましたか」の代わりに「ご連絡いたしましたか」、「お客様のおっしゃいましたとおり」の意で「申しましたとおり」などと、目上の相手に言うケースがそれである。

もともと謙譲表現だったその「申す」に軽い尊敬の「れる」を添えた「申される」という奇妙な語形が、霜焼けにもならずに今でも健在なのは、「申す」が謙譲語から丁寧語に移行しつつあるからだろう。「先生が参られました」などと言うのもその類例である。

「歩きやすい」「読みやすい」など、動詞に「やすい」が付いて、ある状態を形容する一連のことばがある。「求めやすい」は全体として「安い」意に近く、一つの形容詞に見えるせいか、「お美しい」「お早い」などの類推で、「お求めやすい値段」などと言う例も見られる。しかし、「お書きやすい」ではなく「お書きになりやすいペン」と言うように、やはり「お求めになりやすい」という形で使うべきだろう。

過剰敬語

使い方が間違えていなくても、敬語を使いすぎると、かえって感じがよくない。「お手紙をお書きになられていらっしゃられます」などという漫画的な段階まで過剰になれば誰でも気がつくが、これなど「お書きになっております」で十分であり、「お書きです」でも用は足りる。「先ほどおっしゃられましたように」とか「おいしくお召し上がりいただけます」とかという程度ならしばしば耳にする。これらも、「おっしゃったように」「召し上がっていただけます」程度で十分だろう。

「ご新婚のお若いお二人のお幸せなお暮らしにお役に立ちたく」などと、「お」や「ご」を連発しすぎると、揉《も》み手でもしてへつらっているような卑屈な印象を与えやすい。絶対に必要な「お」は、相手をさす「お二人」ぐらいなものだから、他はすべて省いてもそれほどぞんざいな感じにはならない。要は品格が問われているのだ。

日本語には「おかず」や「お菓子」や「お茶」のように、現代では日常「お」を伴った語形で定着している語彙がある一方、「お」を付けないことになっていた語彙もある。少なくとも、「悪魔」のような悪い意味の語と、「男」「女」のようなオで始まる単語と、「たつのおとしご」のような長い単語と、短くても外来語には「お」を付けないという暗黙の諒解があったはずだ。にもかかわらず、「おソース」「おビール」「おデート」などが出現し、そのうち幼稚園の運動会で「お用意！　ドン」で走り出す時代が到来することが懸念される。ともあれ、抵抗のある例は使用を控えたほうが、悪い感じは避けられるようだ。

臨時休業と違って、定休日は休むのが当然だから、「定休日につきお休みいたします」で十分だったのに、今やそれでは丁寧さが足りないとでも思うのか、「お休みさせていただきます」という例をよく見かける。相手に迷惑がかからない、むしろ恩恵を与える場合にさえ、「半額に値下げさせていただきます」「特別サービスをさせていただきます」と言うのも珍しくない。果ては「愛読させていただいております」「尊敬させていただいております」という馬鹿丁寧な言い方に面くらうことさえあるほどだ。

いつだったか、「中村教授先生様」と宛てた手紙が舞い込んで面くらったことがある。すっかり恐縮してことばも出なかったが、丁重さは敬語の使用量によってきまるわけではない。相手にいい感じを与えることが敬語表現の考え方の基本だったはずである。

敬称の問題

敬称の種類と有無に関する人のあり方を考えてみたい。まず、「プラトン」「ベートーベン」「ナポレオン」のような歴史上の人物には敬称をつけない。「藤原道長」「徳川家康」「宮本武蔵」など、日本人でも同様だ。自分から遠い存在だという意識が働くのだろう。近代以降の人間でも、「吉田茂」「太宰治」「山田耕筰」「原節子」「古今亭志ん生」のような著名人は一般に呼び捨てにする習慣がある。特に、芸名やペンネーム、力士の醜名《しこな》など、通称には敬称をつけないのが常識だろう。個人的なつながりでもないかぎり、日ごろ自分には縁遠い人間だと思っているのだろう。

今どき、漱石を「夏目さん」とか「漱石先生」とかと呼ぶ人はいないだろうが、同時代の人間には大勢いたはずだ。その作家の存命中に直接ことばを交わしたことのある人なら、「志賀さん」「川端さん」などと呼んで親近感を示すのに何の不思議もない。自然に出るぶんには問題がないはずだが、微妙な場合もあることに気がついた。著書でも講演でも何のこだわりもなく「井伏鱒二」と呼び捨てにしていたのに、仕事で自宅を訪問し、あの丸顔で雄弁に語る当人の相手をして以来、妙な親近感が生まれ、大学の講義中につい「井伏さん」ということばが飛び出すのには弱った。直接つきあいがあったように感じさせるこの言い方は自慢げに響くこともあり、要注意だ。さすがに「武者小路さん」などということばは思いつかないが、「尾崎さん」「永井さん」「円地さん」「庄野さん」などを連発すると気障《きざ》になる。人格が疑われる前に、「小林秀雄」と呼び捨てにすることにしよう。

野口英世や湯川秀樹ほど名を知られた学者なら、たいてい呼び捨てで、事実それで済むが、時と場合により扱いに悩むことがある。文章中に引用したり言及したりする際には、やはりいろいろ微妙な問題がある。敬称をつけるなら、できれば「氏」で統一したいのだが、見知らぬ外国人に「氏」をつけるのは、何だか馴《な》れ馴れしい感じがしてためらわれる。

女性の場合、昔は「女史」という語をよく使ったようだが、古風なだけでなく、一説にいい齢《とし》まで結婚しない雰囲気もあるとかで、今ではどうも使いにくい。

自分が直接教えを受けた先生の場合も一律に「氏」で通すのは、何だか恩知らずのようでためらわれる。そうかといって「先生」を使うと、今度はどこまでそう呼ぶべきか、「先生」の範囲に迷ってしまう。著書に言及する場合は、「波多野完治『文章心理学』によれば」、「時枝誠記『文章研究序説』にこうある」というふうに、文献を主体にして述べることで著者に対する敬称の判断を回避する奥の手もあるが、その個人について論ずる場合はそういう逃げ道も通用しない。

学術書には「教授」という敬称も散見するが、これは事実確認が必要だ。うっかり使ったら、まだ「准教授」だったり、すでに退職して「教授」に「元」や「名誉」がついていたりするからだ。以前は権威のあった「博士」という敬称も時に見かけるが、到達した業績の顕彰というより、今では研究者の出発点という意味合いで続々登場するため、昔とは権威がまるで違う。それに、公平を期するよう、言及する人間全員について各人の博士号の有無を厳密に調査する必要も生ずるからややっかいだ。

結論として、論文や学術書などでは一切の敬称を省き、必要に応じて「敬称省略」と明記することにしている。ただし、研究発表など、口頭でこの手を使うと差支える場合もある。今は昔、代表理事をしていた日本文体論学会で、ある生真面目な発表者が、論文の場合と同様、学者の名をすべて敬称抜きにして堂々と弁じているその会場に、あいにく呼び捨てで言及されている当の大先生が坐っていて、にこりともせず聴いている。周囲が気づいても注意するわけにいかない。肝腎の発表者はそんなことを知らないから、いともご機嫌で話は佳境に入ってゆく。著書を何冊読んでいても顔を知らなければ、自然にこうなってしまうから油断がならない。あの折の気まずい空気を何人の聴衆が吸ったのか知らん?

口頭表現に限らず、それほど改まらない随筆調の文章では、無差別に呼び捨てというわけにいかないから、男性でも女性でも、文体の硬軟に応じて「氏」と「さん」を使い分け、どうしても失礼になりそうな場合にだけ、例外的に「先生」を用いている。著名人や政治家などに儀礼的につける「先生」は卑屈な感じで好まないが、学校や道場などで直接指導を受けた場合には、個人的な関係ができているから、会話のときと同様に、教わった先生に対しては、手紙などでも「先生」を付けるのが礼儀だろう。そこが「先生」からいつか「様」に変わると、個人的な関係からその他一般の間柄に遠ざかった感じがするような気がする。ひょっとすると、「おぬしも偉くなったものよのう」と思う師匠もあるかもしれない。

ことばの背景をなす心くばり

文章でもそうだが、特に手紙を書く段になって意外に迷うのが、敬称の扱いである。夫婦が同業であるせいか、宛名が連名になって舞い込む郵便物も珍しくない。どちらの名が先に書いてあるかという時代的に敏感な問題には一切ふれない。が、敬称を絶妙の字配りで二人の名の中央に一つだけ記してあるのを見ると複雑な気持ちになる。十数人の連名であっても全体を括弧に括るような待遇はせず、伝統的に「様」を人数分書いてきたし、呼ぶときにも一人ずつ「さん」をつけるだけに、じっと見ていると半人前に扱われたような気分にもなる。もしもこれが無心状なら、色よい返事が来ないだろうなどと、ついよけいな心配をしてしまう。労力もインクも経済的で、たしかに無駄はないが、いかにも貧相に見える。ゆとりのない世相の貧困を感じてしまうのだ。敬意表現の底にあるもっとも大事なもの、それは相手に対する心くばりである。その意味で、手紙はその人間の心のありようをのぞき見る小窓であると言えなくもない。

世の中には必要な無駄というものもある。

もともと人はなぜ手紙などという面倒なものを書くのだろう。発信者と受信者との無機的な通信ではなく、相手と自分という、ある時代に生きた人間どうしの心の交流でありたいと願うから、その時々の個別の環境の中で語ろうとするのだろう。「陽春」や「秋冷」といった記号化した漢語に機械的に「の候」を付した固定様式を避けて、時には「庭いっぱいに枝を伸ばした欅《けやき》の繊細な梢から、カーンと澄み切った深い冬の青空が広がっています」などと、実際に眼に映る風景をその折の感覚と心情で描くのも、今ここに生きている人のけはいを伝えたいからだ。そういう文通が何年か続けば、今では懐かしい昔の庭の風景が、他人の家の状差しにひっそりと残っているかもしれない。

用件が終わったあとに、「陛下で散歩を催促する犬の声がしています、聞こえますか」などと、どうでもいいことをちょっと書き添えてから閉じるのも、書いている人のけはいを届ける。これもまた、心の交流に欠かせない、そういう必要な無駄なのだろう。

臨場感というといささか大仰だが、一人の人間が今ここにいるという感じが、ことばをとおして、もう一人の人間に届くことが肝腎なのだ。生きている人のけはいが相手の心をなごませる。手紙のセンスというのは、そういうささやかな心くばりにすぎない。敬意表現に端的にあらわれる人間性も、実はそこが問われているのである。

13　文の筋を通す

乱れは長さから

一つの一つの文は短いほど整いやすい。長くなると、いろいろの要素のつながりが生じて、乱れていなくても、読み手にそれだけ負担をかける。文が長くなると、書く側でもうっかり不整表現を使いやすく、文が長いと、読み返してもその不備に気づきにくい。結果として読者を苦しめることになる。極端に長い文はもはや犯罪だといきり立つ人さえあるらしい。

「コーヒーを飲む」とか「ケーキを食べる」とかというごく短い文なら、誰でも一糸乱れずに書く。ところが、「コーヒーとケーキを」とまとめると、つい不注意に「食べて一息入れる」などと続けてしまう例が生じるのは、直前の「ケーキ」に気をとられて、その動詞が先行する「コーヒー」には合わないことを見逃すからだろう。

「あの夫婦には子供が二人いる」と書き、それだけで句点をつけて結んでしまえば、単純すぎて乱れようがない。が、途中で、結婚が遅かったせいで子供がまだ小さいということが頭をよぎり、その情報もつっこもうと、「子供が二人ともまだ小さい」とまとめてしまうケースもありそうだ。そうなると、「あの夫婦には」とつじつまが合わなくなる。

日本語では、主語が初めのほうに出やすく、述語はたいてい最後に現れるため、文が長くなるほどその間の距離が大きくなり、長大な一文でははるか遠くに隔たる。その間にいろいろなことばが入るため、述語が紛れてしまうこともあり、遠く霞《かす》む主語と対応しない述語で文を結んでしまうことも起こりやすくなる。

「先生はお忙しいところ作品を念入りに読んでくださった」という程度の文なら、まず間違えずに書く。「先生に丁寧に添削していただいた」という文も同様だ。しかし、それを一つの文にまとめようと、「先生はお忙しいところ作品を念入りにお読みくださったうえ」として「丁寧に添削していただいた」と続けてしまうこともあるかもしれない。文意はなんとかたどれるものの、前半と後半で主語が交代するため視点がぐらぐらし、読んでいて頭がくらくらする。どちらかの主語で統一して、読み手の目まいを予防したい。

よくある文のねじれ

緊急の場合は「父が倒れて急いで病院に運んだ」と言っただけで、書き手か、あるいは家の誰かが車で連れて行ったものと理解する。ところが、「近所の家の主人が」と始まれば、書き手の運転ということは考えにくいし、倒れた当人が自分で運転して日赤の救急外来に飛び込むのも危険だから、「運んだ」の主語が当然ありそうなものだ。あるいは、誰が運転したかは問題でないので、あえて省いたのかもしれない。いずれにしろ、文としていささか無理がある。ここは、「病院に運ばれた」と受身で書くほうが自然である。

「書き損じの原稿用紙がまとまって捨ててあった」と書きたい生真面目な人もある。捨てる段階でまとめてあったという保障はなく、強風によって方々から吹き寄せられた可能性も否定できないから、何枚もかたまった状態で発見したその時点で客観的に述べたのかもしれない。しかし、同じ日に近所で何人も書き損じの原稿用紙を捨てるということは考えにくいから、ここは「まとめて捨ててあった」と書いたほうがすっきり見える。

もちろん、どれが自然かは一概に言えない場合もある。「頭を下げたからそれで済んだと思うのは大間違いだ」という文はどうだろう。「頭を下げればそれで済む」とするほうが素直だろうが、誰かが実際にとんだことをやらかし、ちょこっと頭を下げただけで椅子にそっくり返っているその態度に腹を立てた場面だとすれば、原文のほうが迫力があるかもしれない。「頭を下げたから」のあとに「といって」をつけておけば、もっと安定する。

「いつか本で読んだのか、しなやかな思想という発想にひかれる」という流れも気になる。それが書名はともかく本で読んだということは確実なら、「読んだのだが」と書くほうが穏当だし、もし本から得た情報かどうか不確かであれば、「本ででも」とすべきだろう。

呼応に気を配る

文の構造にかかわるほどの乱れでなくても、文の構成要素がきちんと呼応していないと、ぎくしゃくする。

「決して」とか「少しも」とかと来れば、その文を「ない」といった打消の形で結ぶ。そういう呼応に留意せず、「連絡がないから、おそらく届かなかったのかもしれない」などと、不注意に書いてしまうこともある。この「おそらく」を生かすなら、「だろう」と結ぶのが自然だし、「かもしれない」という程度の自信のなさなら、「おそらく」の代わりに「あるいは」か「もしかしたら」を用いるほうが妥当だろう。

「間違いなく……である」と「おそらく……だろう」と「もしかしたら……かもしれない」と

は、それぞれ主張している確率が異なるのであり、そういう呼応をきちんと整えておかないと、読み手はどの程度期待できるのか、あるいは心配しなければいけないのか、見当がつかなくなってしまう。

並列をきちんと

「その場の雰囲気にそぐわないことをうっかり口走ると、大人の対応でないとか、はては協調性にとぼしく、つきあいきれないと思われてしまう」と、憤懣《ふんまん》やるかたない表情でつぶやく人がある。それほど感情が昂《たかぶ》らなくとも、とかく気が急《せ》くと、「夜はテレビを見たりかたづけ物をするので、寝るのがどうしても遅くなる」といった表現をしやすい。

どちらもこれで意味は通じるし、気持ちもわからないではないが、文として何ともバランスが悪く、読んでいて落ち着かない。こんなふうに二度目の「とか」や「たり」を倹約せずに、「……とか……とか」あるいは「……たり……たり」と、何と何とが並列の関係にあるのか、それぞれの要素がわかりやすい形で提示するのが、まずは基本である。

もっとも、「川で釣ったばかりの魚をその場で焼いて食ったり、あの頃の暮らしが今となっては懐かしい」というふうに、「たり」として代表的な一例だけを示す用法もある。

また、堀辰雄愛用の高度な技法もある。「このまま鎮守の森まで足を伸ばそうかと思ったりした」と「たり」で限定を緩めてぼかし、あえて言及しないものもあることをにおわせて、読者の胸にしっとりとした余情をかきたてるのだ。

基本がしっかり身についてから、それぞれに意図した表現効果をねらう、こういう高度の技法を冒険してみるのもよい。

14　文の長さの調節

流麗なかたまりを扱いやすく分断

現代人は、一つ一つの文に切れていることを、あたりまえのこととして疑いもしない。句読点というもののなかった古典の世界では、文がそこで終わっているような、いないような、切れ続きの微妙な箇所が珍しくなかった。近代に入ってからも、谷崎潤一郎の初期作品などに、句読点を大幅に省いて和文調の流麗なリズムを感じさせる試みが見られた。

結婚通知などの格式ばった書簡などでは、現代でも少し前までは、句読点を用いず改行もしない文面が行われていた。句読点というものの存在しない口頭表現では、改まったスピーチほど、「ございます」と切らずに「ございまして」と続けたりぼかしたりして、できるだけ文の切れ目が目立たないようにぼかす傾向がある。極端な場合は、結果として、スピーチ全体が一つの文になってしまうようなケースもあるような気がする。

眼に麗しく耳に心地よいこの美的なかたまりも、分析的な表現・理解のためにはあまり効率的ではない。だいぶ長く書いた気がするから、このへんで行を改めておこうかなどと揶揄《やゆ》されるほど、以前は論理よりも気分で、いわば毛筆の墨継ぎ代わりに改行が実施されたようだ。次第に段落に分ける試みが一般化するにつれて、書き手は全体の論理的な構造を意識しながら展開するようになり、読み手側にとっても、部分部分のまとまりを積み上げる形で文章全体の意味にたどりつきやすくなってきたように思われる。

一文一文に切り離すのは、文章を構成している要素をさらに細かく分けて、読む側の理解を細部まで自覚させるためなのだろう。

文は切るから切れる

一つの文が終止したところで句点で区切るということは誰でも知っている。しかし、文というものは自然に終止するものではない。どこかで書き手が終止させるのだ。しかし、何を基準にして、どこに切れ目を置くかは、自動的にきまるわけではない。「急に暑くなってきたし、場所も遠いので、今日はやめておこう」と一つの文でも書けるし、「急に暑くなってきた。場所も遠い。今日はやめておこう」と三つの文に分けて書くこともできる。この程度の長さならば、どちらが自然だとも、効果的だとも断定できない。

しかし、「いつだったか、家族旅行でロンドンを訪れた折、ピカデリーサーカスのとある店で、たまたま見かけて気に入った冬の帽子が、思いのほか安かったので、衝動的に購入したが、これは運がよかったと、一人でにやにやしながら立っていたことを、今でも思い出しては恥ずかしく、ひそかに懐かしがっている」などとだらだら続くようだと、読んでいて気分が滅入る。せめて、「店で」の直後に「冬の帽子を衝動買いした」と書いて文を切りたい。そのあとも、たとえば、「気に入った帽子が安く手に入り、思わずにやにやしていたらしい。今思い出しても恥ずかしい」といった程度まで徒長枝を刈り込めば、茂り放題の庭木も少しは姿がすっきりとするだろう。

長文の名人芸

小説家志望の男がどんな文章を書くべきかを谷崎潤一郎に尋ねたら、ともかく長い文を書くように言われた、そんな話がまことしやかに伝わるほど、この作家は一文一文の長い文章を得意とした。『細雪』から一例を挙げよう。「それに、上本町《うえほんまち》の本家と、蘆屋《あしや》の分家と、夙川《しゅくがわ》のアパートとで、そう一々、妙子が何時に彼方《むこう》を出たから何時には此方《こっち》へ着く筈《はず》だと云う風に連絡を取っていなかったことなどを考えると」と書き出される文は、途中「……と云う気がして」「……それとなく聞いてみたりしたが」「……品物を納品に来たりするくらいに過ぎない」「……になることも珍しくないが」などと続き、「一番電車で蘆屋へ帰って行くと云う話で、時間の点なども辻褄《つじつま》が合っていた」としてようやく句点で結ばれる。そこまで、中に読点を二一個も含み、実に三七〇字も書いてある長大な一文である。

一般に、長い文は全体の意味を解するのが困難だと言われるが、不思議なことに、これは平易なことばが淀《よど》みなく自然に流れ、読んでいて何の苦労もなくすらすら意味がわかる。こういう奇跡はなぜ起こるのだろう。それには訳がある。長い文にも種類があるからだ。

文頭の副詞が文末の動詞を修飾するような文では、副詞を記憶したままその間に何百字も読まなければならないから、相当の負担がかかる。一文の中にもしも他の文相当のことばが組み込まれているような複雑な構造となれば、読んで理解するのがさらに困難になる。

同じく長い文でも、情報が部分的に完結しながらいくつも展開する結果として長くなるような、いわば〈鎖型〉の構造をした長文であれば、それぞれの環《わ》の独立性が高く、少々長くなっても順々に理解しながら読み続けられ、読み手にさほど負担がかからない。

その点、谷崎のこの文は話の運びが自然で、思考の流れも時間に沿っているし、組み込まれているいくつかの会話の要旨をたどりながら、順々に理解して進むことができる。原稿用紙まるまる一枚分に近い長さの文を、かくもなめらかに運ぶことができたのは、日本語の性格を熟知し、それを自在に運用する高度の文章力を備えたこの作家だからであり、とうてい素人の手には余る。

文の長さの標準は？

それでは、一般の人の書く普通の文章では、一つの文がどの程度の長さなら、読み手にとってわかりやすいと考えられるのだろうか。無論、対象読者の年齢やジャンルの違いその他の条件によって違い、一概には言えない。ただ、これにはいくつかの調査があり、基準を考える参考にすることはできる。まず、学校の教科書についての調査では、一文あたりの平均の長さが、小学校の中学年で三〇字前後、高学年になると三五字を超える。そして、中学校では四〇字以上となり、高等学校では四五字を超えるという。

成人を対象とする調査では、文章の種類によって違う。同じく雑誌といっても、大衆雑誌では平均三十字台、文芸雑誌で四十字台、硬い総合雑誌では六〇字ほど、専門的な学術雑誌では平均七〇字を超えるという結果になるようだ。

以上はあくまで平均値であり、もちろん小説でも作家によってかなり差がある。谷崎のように長い文を駆使する作家もあれば、逆に文の短い志賀直哉や川端康成、極端に短い丹羽文雄のような作家もある。学生時代の一九五八年の若き日に二五作家の各二編の小説、計五〇編という大量調査を実施した結果では、小説の平均文長が四〇・四字という結果となった。随筆はいくらか長くなるかもしれないが、大差はないと思われる。批評や論説のような種類の理屈っぽい文章では、条件を設定したり細部まで厳密に規定したりする必要があるため文が長くなりやすく、平均で五、六〇字に達すると予想される。

このように条件次第でかなり差が出るが、読みやすいという観点からすれば、平均で三〇字未満の文章は「やさしい」と考えてよい。平均三五字でも「かなりやさしい」ほうであり、平均四〇字あたりまでなら「ほとんど抵抗なし」と判断してさしつかえない。平均四五字程度なら「普通」で、平均五〇字を超えれば「少しむずかしい」部類に入り、平均六〇字を超えれば「むずかしい」文章、平均七〇字を超えるようであれば、この文長の点では「非常にむずかしい」文章と判断するのが妥当だろう。

こう考えてくると、わかりやすく書く心構えとしては、原稿用紙に向かったら、できれば二行以内に句点を打つように心がけ、少なくとも三行以内には文を閉じるようにしたい。そういう習慣がつけば、時にそれを大幅に超えるようなことがあっても、いちいち気にする必要はない。ただ、事柄を列挙するような特別の場合を除き、もし五行を超えそうな場合は、文の構造を考え直したほうがいいかもしれない。主語と述語の対応がおろそかになったり、修飾語と非修飾語とのずれを見逃したりしやすい長さに達しているからだ。いや、文を結ぶことさえぼつぼつ忘れそうな段階に入り、調子に乗ってそれ以上書き続けると、ほんとに脱線して、読み手によけいな負担をかけてしまいそうである。

15　記号類は意図的に

文章の中の文

日常生活でマルと言っているほうが正式には「句点」、テンと呼ぶほうが「読点《とうてん》」で、両者の総称が「句読点」である。文の終わりに打つのが句点、読みやすくするために、途中に打つのが読点、これで説明は終わりそうなものだ。が、文が完結するとはどういうことなのか。そこを考え始めると、文章論上のさまざまな問題が絡んでなかなか奥が深い。

木山捷平《しょうへい》は『大陸の細道』で、「おれの死体はおれが始末する。骨はちゃんと小包にして送ってやる」と引用符でくくり、すぐ「と正介は言った」と続けて句点を打つ形で、二つの文を引用した全体で一つの文に仕立てている。

辻邦生は『旅の終り』で、「こんな静かな町で、誰にも知られず、野心もなく、暮してみてもいいわね」と引用符でくくった後、同じ行にすぐ「妻がそういったときの気持が、私のなかに、雨のしずくのように、流れこんでくるようだった」という地の文を続け、句点で結んでいる。先行する会話が「そういった」の「そう」の内容となっている。

庄野潤三は『秋風と二人の男』で、「上着を着て来ればよかった」と引用符でくくり、行を改めて「半袖シャツと白っぽい替ズボンで（中略）蓬田《よもぎだ》は、さっきから同じことばかり後悔しているのであった」と地の文を添え、句点で結んだ。ここでは、先行する会話が地の文中の「同じこと」の内容をなしている。

それぞれ形式は異なるが、いずれも会話文を内包する一つの文の流れとも読めるのだ。

引用符を伴わない形での、もっと極端な例もある。国木田独歩は『武蔵野』で、「日が落ちる、野は風が強く吹く、林は鳴る、武蔵野は暮れんとする、寒さが身に沁む、其時《そのとき》は路《みち》をいそぎ玉え、顧みて思わず新月が枯林の梢の横に寒い光を放ているのを見る」と書いて、ようやく句点で閉じている。六つの読点で区切られた部分も、それぞれが一つずつの文に見えるし、それらが独立して姿を現すなら、どれも完結した文と認定できるだろう。

だが、実際の文は個々に独立しているように見えても、その文章の構成要素としてそれぞれの役割を果たしている。この引用例でも、「其時」という語が何を承けるかを考えてみると、文章は各文の単なる連続ではなく、複雑に絡み合った構造体であることがわかる。それは直前の「寒さ云々」だけではなく、日が落ち、野に強い風が吹いて林が騒がしい、そういう薄暮の武蔵野の肌寒い状況をまるごと指示している。その全文脈が、文面の背後に沈めた「そうすれば」という意味合いで次へと傾斜し、振り返った時に梢の先に新月の寒々とした光を見いだすことになろう、という文意の流れをつくりだしているのだろう。

この手法は、ある状況を包括的に述べるのではなく、その一面一面を切り離してフラッシュのように展開する点描である。それぞれを明確に句点で区切る冷静な展開もありえただろう。そこをあえて畳みかける勢いでショットを連発することにより、作者の気持ちの昂《たかぶ》りを読者に印象づける。ダイナミックな文章構造を実現したと言えるかもしれない。

小説中に引用する会話が長くなり、その中にいくつかの文が含まれる場合、その切れ目に句点をつけるが、引用符で閉じる直前の文の句点はあえて書かないという作家が少なくない。右に引用した木山も辻も庄野も句点を打っていない。引用を閉じる記号と無関係に、文末には必ず句点を打つという原則を守る作家ももちろん多い。川端康成もその一人だ。あるいは、句読点の奥にうごめく文学の方法意識の問題につながるのかもしれない。

鎌倉の自宅を訪問したあの日、永井龍男は、「会話のおしまいにカギをしますね、あの時は文末にマルを入れないんです、僕は絶対に」と語調を強め、「マルをつけると会話がいくらでも続くんですよ」と自説を披露した。「ずるずる続けると会話が緩んじゃうという危惧」があるのだという。この会話はここで済んだと作者が判断してカギにするのだから、当然マルの役も兼ねていると考えるかららしい。そうして、他人の小説を読んでいても、会話の末尾に「マルがついてると、こんなこととして、だらだら続けていいのかと思うぐらい気になりますね」と、いくぶん照れるように笑った。

読点の勘どころ

読点はその名のとおり、読みやすくするために打つ。だから、正しいか否かという厳密なルールというより、そこに打つと読みやすくなるという傾向に近いかもしれない。

① 「しかし」「ところで」のような接続詞、「あっ」「いいえ」のような感動詞の後に打つ。
② 「あくまで自分の流儀を貫くことは」のように主題が長くなった場合、その後に打つ。
③ 「笑い、それは実にさまざまな感情から出る」のように提示したことばの後に打つ。

④「大きな眼、高い鼻、厚い唇」のように文中で並立関係にあることばの切れ目に打つ。
⑤「読書中にあくびをし、席を立つ」のように文の途中で中止する部分の後に打つ。
⑥「泥酔した折に」「信号の角で」のように時や所を限定したり、「早過ぎたので」「仕事がなければ」のように理由や条件を述べたりすることばの後に打つ。
⑦「駅へと急いだ、痛い脚をひきずりながら」のように倒置した場合の切れ目に打つ。
⑧「じろじろ、他人の恋人を羨ましそうに見る」のように、その修飾語がいくつものことばを隔てて係ることに注意を促す場合、その語の後に打つ。
⑨「新婚間もない頃の欧州旅行で安く買った、濃い鼠色《ねずみいろ》をした冬物のツイードの帽子」のように、修飾部分が長々と続く場合の大きな切れ目に打つ。
⑩「勝利をおさめるためのさまざまな条件を、監督は箇条書きにまとめた」のように、文の途中に主部を置いた場合、その前に打つ。
⑪「警官は血を流しながら逃げる犯人を追いかけた」のように意味が曖昧になりそうな場合、それぞれの意味に合わせ、「警官は」の次か、「流しながら」の次かに打つ。
⑫「あの話、聞かせてよ」のように格助詞を省略した箇所に打つ。
⑬「なんというざまだ、とほとほとあきれ返ってしまった」のように、会話や考えをカギを使わずに引用する場合、範囲をはっきりさせるため、引用部分の末尾、すなわち、「と」の前に打つ。

⑭ ⑬で文節を割ってしまった結果、次が助詞で始まる違和感が生じたため、それを軽減する目的で、「と」の後に打つ。（「と」の前後に軽いポーズを置いて文意を明確にする朗読の技術に対応するが、わずか一字の前後に打つのはうるさい感じもある）

⑮ 「じゃん、けん、ぽん」や「三角野郎が、四角四面の、櫓《やぐら》の上で」のように、読みの間《ま》を示したり、リズムを目だたせたりする際の切れ目に打つ。

引用符などの諸用法

句読点以外によく使われる記号類にも簡単にふれておこう。読点とよく似た記号に「・」があり、ナカテンまたはナカグロと呼ばれる。「相撲・野球・柔道・サッカー」のように、単語、特に名詞を列挙する場合によく使われる。ただし、「真ん中の女性、左端の子供、後ろの老人」のように修飾語がついて一語でない単位の列挙には、このように読点を用いる。

テンとナカグロとを併用して、「塩・醬油《しょうゆ》・味噌《みそ》、大根・茄子《なす》・白菜、鰯《いわし》・秋刀魚《さんま》・鰊《にしん》、大福・饅頭《まんじゅう》・羊羹《ようかん》」のように、大小の区切りを分担することもある。

小沼丹の『竹の会』に「ではそろそろ失礼します、と云うと、井伏さんはそっぽを向いて、ふうん、君はそういう男か、と云った」とある。読点の⑬の用法だが、通常は、「ではそろそろ失礼します」と「ふうん、君はそういう男か」の部分を、こんなふうにカギでくくって、そこが会話をそのまま引用した部分であることを明示する例が多い。

引用部分に会話が現れる場合は、「……『……』……」という形式になるため、中の会話が長くなると読んでいるうちに紛れてしまう。印刷の場合は中に含まれるほうの引用符を小カギと称する小型のカギで区別することもあるが、大きさが少し違うだけで形は同じだから、それでもけっこう紛らわしい。手書きの原稿では一般に、引用中の引用には二重カギを用いて、次のようにはっきり区別できるように書くことが多い。

「手紙の終わりに『また、会おう』と書いた一通が最後となった」と記して随筆を結ぶ。

たしかに区別はつくが、見た感じも重いし、会話が別々の記号で引用される違和感もある。引用中の引用をできるだけ避けるような表現上の工夫が必要となる。

文中のあることばを際立たせる際にも、次のように、このカギで取り立てることがある。

いわゆる「うまい」文章ではないが、どことなく「味わい」がある。

小説や随筆、論文などのタイトルにもこのカギを使うが、次のように、書名の場合は二重カギにして区別する傾向が強い。

文庫本の『羅生門』を一冊買えば、芥川の「羅生門」も「鼻」も読むことができる。

カギは実に多様な目的で多用されるため、どちらにも二重カギを使って、ともかく作品のタイトルであることを明確にするケースもある。ただし、万葉集や源氏物語や奥の細道などの古典の場合は記号を用いない形でなじんでいるため、吉田兼好の随筆は単に徒然草と記載することが多い。そのため、『徒然草』とあるのを見ると、小林秀雄の同題の批評作品を連想しやすいかもしれない。

カギでそのことば自体をさし、そのことばが指示する対象を〈 〉で表す場合もある。

「女」も「女性」も「女子」も「婦人」も〈女〉をさす点では共通している。

パーレン、すなわち、丸括弧は、しばしば註釈をつける際に用いられるが、紛らわしい場合も少なくない。「山毛欅（ぶな）」のように読み方を示すこともあるが、振り仮名と違って、漢字連続のどの範囲に対応するのか明確でなく、この例では三つの可能性が生ずる。

「下野（官職を辞し民間に下る意）」のようにその語の意味を示す場合や、「第九（交響曲）」や「この作家（室生犀星）」や「尾崎（一雄）」などのように単に省略部分を補う場合や、「百鬼園（内田百閒）」のように、号を通用の筆名に置き換えるような場合はわかりやすいが、註釈といってもさまざまな種類がある。「標高（海抜）」「梯形《ていけい》（台形）」「低木（灌木《かんぼく》）」「印鑑（印章）」「送り手（書き手）」などは知識がないと関係がつかみにくく、正確な解釈がむずかしい。もしこの形で補足説明する必要があれば、それぞれ「標高（すなわち海抜）」「梯形（現在の台形）」「低木（昔の灌木）」「印鑑（まれに印章とも）」「送り手（ここでは書き手）」のように関係を示すことばを補いたい。「中村（久保田）」のような書き方は特に紛らわしいため、「旧姓」か「現姓」か、あるいは「本名」か「通称」かを明示する必要がある。

リーダーとダッシュ

「川端康成の『雪国』は「国境の長いトンネルを抜けると……」という有名な一文で始まる」というふうに、点線つまりリーダーは以下省略という意味合いでも使われる。つまり、ここではそれに続く「雪国であった」あるいはそれ以下の部分を省略したことを示す。

しかし、円地文子の『妖』のいかにも余韻を感じさせる一節を「薄鈍《うすに》びて空に群立つ雲の層が増して、やがて又小絶《おだ》えている雨が降りはじめるのであろう。」と引用してリーダーを添えると、原文に実際に「……」とあるのか、あるいは次の「千賀子はこの季節の白い光線を滲《にじ》ませて降る雨が好きなのである」という一文を割愛したのか、まったく判断がつかない。また、引用する原文にリーダーがある場合は使えないということもあり、実用的には、省略を意味するこの記号は控え、（中略）か（以下略）または単に（略）と記したほうが無難である。

リーダーには、表現の〈間〉をつくって抒情的な雰囲気を醸しだす働きがある。文頭に置かれた「……僕は書物の群のなかにひとり佇《たたず》んでいた」という北杜夫『幽霊』の例もそうだ。「おそらく私たちは明日午後の列車で町をたつだろう、何一つ未練なく……。」のように文末に置かれた辻邦生『旅の終り』の例はそういう感じがさらに強い。特に一編の作品の末尾にこの記号が置き去りにされた場合など、それこそ余韻嫋《じょうじょう》々という印象を与えることだろう。そういう効果の半面、未練がましい感じも漂うので、この種のリーダーの多用は控えたい。使うにしても、ここぞという場を選んで効果的に使うことが望ましい。

ダッシュすなわち二字分の棒線にも多様な機能があり、リーダーと似たような意味合いでも使われる。「参加費二万円――宿泊費・交通費・昼食代を含む」の場合は補足説明であり、一種の註記に相当する。メモならこれでも済むが、文章中に用いる場合は挿入部がどこまでかを示す必要があり、「この町の住民――子供を除く――はこぞって参加されたし」のように挿入部の終わりにもダッシュを置く。ただし、カギと違って前後がまったく同じ形だから、濫用するとどこが幹線か、どこが支線か紛らわしく、文の筋がたどりにくくなる。

ダッシュ一つでさまざまなニュアンスを伝える便利な用法もある。第一は「非言語行動――ことばによらない表現・伝達の行為にふれておこう」のように、換言してそのまま文を展開する用法。第二は「友情――それは甘い夢ではなく、厳しい現実を生きる絆《きずな》である」のように、テーマをくっきりと目だたせる用法。第三は「芸術は長く人生は短い――昔の人はうまいことを言ったもので、真実を言い当てている」のように、引用句を承《う》けて文を起こす用法。第四は「全集を買いそろえてはたして読みきれるか——そんなためらいもないわけではない」というふうに、カギに包むほどでもない会話や思考を、それとなく地の文と分ける用法。第五は「書き手自身に対する誠実さと、読み手に対する思いやり——そういう相反する二者をいかに調節するか」というふうに、一度まとめてから次を展開する用法。第六は「まったくひどいめにあった——いや、愚痴はやめよう」のように、話の流れを転じる用法である。

沢村貞子は『私の台所』に「使い古してくたびれた布地を、真っ白にしたい、とは思わない。年をとっているのに、一本の皺《しわ》もない顔をみるような気がして……なんとなく、薄気味が悪い」と書いた。何とも微妙なこのリーダーは、きっと読点では済ませたくない気持ちの表出だったのだろう。あるいは、考える時間の長さであったかもしれない。

考えてみると、不思議な〈間〉を実現する、この得体の知れない用法こそがリーダーに託した作者の意図の原点のような気もする。もしかすると、ここまで用法として列挙してきたものは、その〈間〉を読み手がどう解釈するかという違いでしかなかったのかもしれない。

16　改行はメッセージ

「分かる」ように「分ける」

人が一つの文章で伝えたいのは、内容という一つのかたまりなのかもしれない。ことばは時間的に推移するから、空間的な存在である絵や彫刻などとは違って、それを一度に提示することはできず、いくつかの情報に分割し、一定の順序で小出しに表現しなければならない。つまり、読み手が「分かる」ように、書き手は部立てを考え、章や節に「分ける」作業から入る。そこから文に分ける段階に至る間に、段落づくりの作業が待っている。

具体的には、文章の種類によって違う。論理的な構成を要する論説文や説明文の段落づくりには、内容を分割するとともに、そのパラグラフを構成するという二面性がある。後者の構成面での重要な留意事項は二つある。第一は、その段落の最初の文で前の段落との関係を示し、最後の文で次の段落への方向づけをすること。第二は、最初か最後かに、その段落の内容を要約する主題文を示すこと。前後を結びつける働きをするこの二つが励行できただけで、この種の文章はきわめて読みやすくなると言われる。

内容面にかかわるだけに、切るほうのタイミングがむずかしい。基本的には、文章構成上の区分を優先させ、そこに内容面の区切りを持ち込み、補助的に分量面からの配慮を併用する。構成面では、冒頭部分と結末部分をそれぞれ独立させること、論文などでは、序論から本論、本論から結論に移るその切れ目で行を改める。ここまでは常識となっている。

意味内容の面では、ある話題が終わって次の話題に移るところで、そのつど改行する。一つの話題が連続していても、その中の小さな話の終わるごとに改行する。時間・空間・人物・事物など、そこで扱う事柄が終わるたびに改行する。また、対象は同じでも扱う側面が違えば、そこで改行する。さらに、対象や側面が同じであっても、論ずる観点や述べる角度が変われば、そのたびに改行する。対象に対する筆者の考えや気持ちの変化が生じたら、そこで改行する。

以上の原則に従って切っても、一つの段落が長すぎて読み手に負担がかかると判断した場合は、心理的・生理的な理由で一息入れるために、量的な制約を設けて改行する。息苦しい感じは、字数だけでなく、漢字の割合などによっても違うので、一概には言えないが、本にして五行程度まではさほど圧迫される気分にならないから、二〇〇字詰の原稿用紙一枚を超えない範囲で改行しておけば、量的には問題ないだろう。一般に、短いほうが読みやすいから、最後は、迷ったら改行するという奥の手を使おう。

論理的な理由でどうしても長い段落が続くようであれば、どこかに短い段落をはさんで風穴を開ける手もある。短い文一つだけの極端に短い段落を入れてすっきりと見せることもある。いずれもプロの手段だが、めりはりをつけて伝達上の美的効果をねらう技巧的な改行である。

文体としての段落

小説や文学的エッセイでは、論理的な文章とは別の段落意識が働いているようだ。井上ひさしは、もうだいぶ書いたような気がするから、ぼつぼつこのへんで行を改めてみるか、作家のそんな段落意識を自嘲的に紹介する。でたらめでいいかげんな執筆態度に見えるが、そういう職人の勘が働くのは、文章を書き慣れているからである。

谷崎潤一郎は、文もなかなか切らないうえに、改行で文章に隙間が目立つのも好まない。『細雪』には「井谷というのは、神戸のオリエンタルホテルの近くの」と始まり、「というような話なのであった」と書いて改行するまで、ざっと一五〇〇字、原稿用紙にして実に四枚近くに及ぶ。それでもすらすら読める。段落意識の欠如というより、文章を一つの流れとして印象づけるための高度な技法なのだ。

一方、武者小路実篤の『お目出たき人』では、「自分は今年二十六歳である」「自分は女に餓えている」といった短い一文だけで改行する箇所が続く。そのため、行の頭が一字下げで六行も並び、上だけ見ると段落がないように見えるページさえある。

川端康成も『山の音』の冒頭近くで、「八月の十日前だが、虫が鳴いている」と、秋になる前に秋のけはいが漂い始めたことを述べる短い一文だけで改行し、次も、「木の葉から木の葉へ夜露の落ちるらしい音も聞える」という一文だけでまた改行し、「そうして、ふと信吾に山の音が聞えた」という一文を添えて、また改行する。空白だらけのこういう文展開によって、文と文との間に断絶感が生じる。それが、やがて、死期を告知されたのではないかと寒気のする、その恐怖のプレリュードの役を果たす。このような〈間〉の累積が表現的に働いて、「音はやんだ」という短い一文だけの極小のパラグラフが鬼気を帯びるのである。

こう見てくると、どこでその段落を閉じるかという改行が、文学の世界では、論理的な帰結であるというより、それぞれの作家のまさに文体の反映であることがはっきりする。

17　引用は道義的に

責任の所在

新古今和歌集であれ、好色一代男であれ、『夜明け前』であれ、村上春樹であれ、今ではインターネットですぐ調べられるから、レポートの内容が当人の文章であるかどうかわからない。そのため、老獪《ろうかい》な教師は、単独のテーマを避けて「源氏物語と谷崎潤一郎」などと組み合わせ、まる写ししにくくするらしい。歴史的仮名遣いが混入していたり、学生らしからぬひどく老成した文章だったりしてバレることもあり、時には、「……することを得ない」という言いまわしで森鷗外、「……に過ぎない」と容赦なく斬り捨てる論法で小林秀雄と、ネタもとの見当がつくこともある。

だが、引用できるのは、それだけ調べた結果だから、引用そのものが悪いのではなく、引用であることを隠蔽することが問題なのだ。引用であると断らなければ、素直な読者はすべてその文章の筆者の考えだと理解する。つまり、書き手に悪意があろうとなかろうと、引用であることを伏せる書き方は、結果として相手を欺き、自分の手柄にしてしまう。

無断引用された側の人間にとっては、自分の著作権を赤の他人に勝手に使われたことになり、単に非礼であるにとどまらず、程度によっては被害届が出ても不思議はない。勉強不足を隠し、箔《はく》をつけようと、無邪気な気持ちから、内緒で引用して他人の学説を請け売りした側も、その学者に対して赦《ゆる》されない非礼を働いたことになる。読者を騙《だま》した結果、自身が大学者と誤解され、不当に尊敬される危険もあることを覚悟しなければならない。

引用の形式

「時は金なり」「負けるが勝ち」のような諺《ことわざ》や広く知られている名言などは、断らなくても引用とわかるが、カギに包んだほうが、自分のことばとの区別が明確になる。

太宰治の『葉』は「死のうと思っていた」という一文で唐突に始まる。

右のように、地の文として出典を明らかにするのが通例だが、頻出してうるさい感じになりそうなら、次の要領でパーレン内に註の形で示すこともある。

「木曾路はすべて山の中である」（島崎藤村『夜明け前』）という冒頭文は有名だ。

二行以内の短い引用の場合は、このようにカギで包んで示すが、その箇所が長くなって何行にもわたると、読んでいるうちに地の文と紛らわしくなるので、前後で改行して引用箇所を独立させる、さらに地の文とはっきり区別するため、引用部分を二段下げにするとわかりやすい。また、引用の前後を一行ずつ空けると、さらに明確になる。

学術論文などの厳密を期する文章では、できるだけ原文どおりに引用する。誤植など誤りと思われる部分も勝手に訂正せず、その箇所の行間に「原文のまま」という意味の記号（ママ）を添え、書き手が気づいていることを表明する例も見られる。必要があって改変を加える場合は、引用末尾に（原文正字体・歴史的仮名遣い）（原文横書き）などと、その旨を註記する。注目させたい箇所に傍点を打つだけでも、（圏点筆者）と記すのが学問的態度らしい。

随筆のような改まらない文章では、むろんそんなことをいちいち断らない。詩や小説などの文学作品では、そもそも註釈というものがなじまない。うるさい感じがして、むしろ雰囲気を損なってしまう。

出典の示し方

引用したからには出典をたどれるように、何からの引用なのかを明示したい。その際、簡潔に（中村明編『作家の文体』）だけで済ませるか、それにせいぜい（ちくま学芸文庫一九九七年三月）と添える程度が通例だろう。辞典などのようにしばしば改訂が施される書籍では、必要に応じて、さらに（初版第二刷）というところまで加えて厳密にすることもある。学術的な論文や著書では（四六八ページ八行目）といった細かい情報を明記する例も少なくない。

要は、読者が引用のもとになった文献に直接あたって確認したい場合に、その箇所にたどり着けるようにする配慮である。

なお、文庫本の場合は、（原本は筑摩書房一九七七年十二月刊行の同題の単行本）というふうに初出の情報も添えれば万全である。

新聞や雑誌などの定期刊行物等から引用した場合は、次の要領で記載する。実例で示す。

（中村明「藤沢周平の表現風景十二章」山形新聞二〇〇七年一月〜十二月）
（中村明「なつかしき夢――小沼文学の風景」講談社『群像』一九九七年一月号）
（中村明「日本語博物館設立趣意書――空想の国語辞典」岩波書店『思想』二〇一八年二月号）

（中村明「絶妙の無駄――表現の奥の人影」文藝春秋『文藝春秋』臨時増刊号『言葉の力』二〇〇五年三月）
（中村明「芥川もうひとつの文体」岩波書店『芥川龍之介全集』、一巻月報、二〇〇七年一月）

18　語りの調子は場に応じて

講演の語り

相手が子供か大人かによって誰でも話す調子を変える。文章でも、読み手が個人か不特定多数か、専門家か一般の人間かによって、語りの調子がおのずと変化する。似たような相手であっても、学術的な論文として発表するか、肩の凝らない読み物として書き下ろすかによって、叙述のトーンは自然にそれぞれ違った趣を見せるはずである。

早稲田大学教授として赴任して間もない一九八七年一月、国語教育学会の招きにより大学の小野記念講堂で「視点を映す表現」と題する講演を行った。同学会の雑誌『国語教育研究』第七集にその講演記録が掲載されている。坪田譲治『風の中の子供』に、登場人物を観察するはずの作者の眼が作中で微妙に変化し、時にその人物自身と同化したような記述が見られる。そういう視点の操作を分析するために、その場面を紹介する必要があり、その日、教員や学生の百名を越える聴衆の前でこんなふうに話し出したらしい。

これは坪田譲治の『風の中の子供』の一節ですけれども、ご案内のように、この作品は主人公の父親、青山一郎という会社の専務が陰謀にはまって私文書偽造の罪を着せられて、警察に引き立てられてしまいまして、それで家の財産も差し押さえられて、執達吏の手で会社に運び込まれて、空き家同然になる。そこで、一郎の妻、つまり、ここに出てくる善太・三平のお母さんは、お父さんがいつ警察から戻るかわからないので、働きに出ないといけないんだけれども、善太というのが五年生で、三平というのが一年生なんですが、三平のほうは、働くうえで少し足手まといになりますので、医者をしている自分の兄のところへ預けるわけです。その兄というのが、鵜飼《うかい》といって、「鵜飼のおばさん」という形でこのなかにも出てきますが、ともかく上の子の善太に手伝わせながらお母さんは働きに出ようと決心するわけです。

配布した資料に出所を明記してあっても、口頭発表の場合はこのように改めて説明するほうが穏やかだが、文章の場合は情報の重複がくどい感じを与え、印象がよくない。

「ご案内のように」という前置きは、聴衆が知っているという前提で話す際の決まり文句で、丁重な話し方だから、手紙にも用いるが、個人的な関係を排除して書く正式の文章では、いかにも腰が低く、おもねる感じになって、かえって品格を損なう恐れもある。

「引き立てられてしまいまして、それで」という流れも、ぶつぶつ切れた印象になるとそっけない語り口に聞こえるので、それを避ける配慮をした、いわば講演調である。

そのような困った状態になったという記述から、母親が働きに出る決心をするという記述に移行する場所に、「そこで」という接続詞を配して、その間の因果関係を明示している。

文章の場合なら通常、単に「三平を」「善太に」で済ませるところ、「善太というのが五年生で、三平というのが一年生なんですが」というふうに、話しことばらしい緩衝材をはさんで、やわらかくつなぎながら、ゆったりとしたテンポで語りつづける。

以後の部分にも、自分の父親が鵜飼家で「どうも厄介者に思われているらしいことを察しまして」というふうに、当事者である三平の判断を、生のまま解説の地の文に融合させる例が見られるなど、文章としては概して主観性の強い表現が目だつ。

論文の調子

その翌年、講演の要旨を骨子の一部として発展させ、「言語表現における視点の問題」と題する学術論文にまとめて、早稲田大学大学院文学研究科の『紀要』三三輯に掲載された。そこでは、該当箇所が、次のように硬い感じの文章に改められている。

会社の専務青山一郎は、陰謀にはまって、私文書偽造の罪を着せられ、警察に引き立てられる。そして、家の財産も差し押さえられ、執達吏の手で会社に運びこまれて、空き家同然になってしまう。その妻は、まだ一年生で足手まといになる下の子の三平を、自分の兄にあたる鵜飼という山奥の医者の家に預かってもらい、五年生になる上の子の善太に手伝わせながら、自分は働き口を探そうと決心する。

伝達される情報はほぼ同じでも、そこには当然、ジャンル意識や想定する読者層の違いに応じて必然的に起こる執筆態度の差が反映しているはずだ。まず、講演で「主人公の父親、青山一郎という会社の専務が」とある部分が、論文を意図したこの文章では、説明的な記述を切り捨て、単に「会社の専務青山一郎は」と表現を引き締めてある。また、講演で「引き立てられてしまいまして、それで」とつないだ箇所を明快に切り離した。

母親の出し方も、「青山一郎は」云々の先行部分を承《う》けて、単に「その妻は」と文を起こし、学術論文らしく視点を固定させて論理的に展開する。さらに、講演で母親が働きに出る理由を説明して丁寧に話を進めているのに対し、論文ではそのあたりを逐一ことばにせず、文脈や読者の常識にゆだねて淡々と書き進めている。

なお、講演に「医者をしている自分の兄」という多義的な表現が出てくるが、論文ではそういう曖昧な表現を回避し、さらにそこにその家の苗字や場所の情報まで盛り込んで「自分の兄にあたる鵜飼という山奥の医者」という圧縮した表現に仕立てている。

もう一つ、預けられた三平や、ひいてはその父親の鵜飼家における評判について、「どうも……らしい」という形で推測を交えて述べる講演とは違って、この論文では、「自分の父親が厄介者扱いにされかかっている会話が聞こえてくる」というふうに、推測に頼らない感覚的事実として述べることで客観性を高めている事実も注目される。

一般向けの叙述

その後しばらくして、一九九一年の春、NHKブックスの一冊として『文章をみがく』と題する一般向けの著書が日本放送出版協会から刊行された。その中で視点の働きを説明する際に、同じこの箇所にも言及し、そこでは次のように紹介している。

主人公である善太と三平の父親青山一郎は会社の専務をしている。が、ライバルの陰謀にはまって私文書偽造の罪を着せられ、警察に引き立てられる。家の財産も差し押さえられ、空き家同然となってしまう。母親は、足手まといになる一年生の三平を、山奥で医者をしている自分の兄のところに預け、五年生の善太に手伝わせながら、働き口を探そうとする。

直接、聴衆を意識した語り口が見られないという点で、同じく書きことばとして発表した論文との共通点もあるが、論文のような硬い文章ではなく、それとは異質の読み物らしい筆致もいくつか見られる。

論文で「会社の専務青山一郎は」と切り詰めてある箇所で、「主人公である善太と三平の父親は」と親切な説明を加えている点がその一つだろう。また、執達吏の手で会社に運び込まれたという部分の情報がここに出てこないのは、読み物としていたずらに煩瑣《はんさ》になるのを避けた結果かもしれない。

また、論文で、「すっかり手をやいた鵜飼家では」と、その場面を脇で観察しているような視点で述べるのに対して、読み物という性格を持つ一般向けのこの文章では、「すっかり手をやいた鵜飼のおばさんが」というふうに、一瞬、善太の視点を導入しつつ述べることで、読者が感情移入しやすいように誘う書き方になっているのも注目に値する。

以上、基本的にはほぼ同様の情報を運ぶ三種類の性格の違う文章を比較し、ジャンルの違いによる文章の表現差を探ってみた。もしもこの情報を子供の読者向けに書くとすれば、たとえば、こんな文章になるような気がする。

皆さんは、坪田譲治という童話作家の『風の中の子供』という作品をご存じでしょうか。こんな話です。善太と三平という仲のよい兄弟の物語です。青山というその家のお父さんは、ある日、お巡りさんに連れて行かれて、まだ帰って来ません。会社の書類か何かを勝手に作ったと言いふらされたのだそうですが、そんなことは真赤な嘘にきまっています。会社に悪い人がいて、自分が出世するために、善太たちのお父さんをわなにはめて、重役の椅子から蹴落とそうとしたのにちがいありません。

19　推敲は他人になりきって

推敲のたしなみ

腹を立てて書いた手紙はすぐ投函するなと昔から言われてきた。相手に殴りかかるような腹立ち紛れの手紙で、これまで築いてきた長年の友好関係を一瞬にして崩壊させる危険があるからにちがいない。一晩寝て、いくらか興奮が鎮まってから読み返し、そういう手紙をその相手に今このタイミングで送るべきかどうかを冷静に判断するためである。投函する決心がついても、興奮のあまり激しい怒りをそのままぶつけたような文面をいくらかでもやわらげるために、穏やかな語調に変更するなど、無用の刺激を避ける表現に改める工夫は必要だろう。

志賀直哉は、どのような原稿であれ、ひととおり書き終えたら、それをしばらく引き出しに入れて寝かせておく習慣があったという。チーズと違って熟成するはずはないし、発酵して人を酔わせる文章に変身するわけではないが、少し時間を置いて興奮が冷めてから読み直し、不備な点を修正して、できるだけ完全原稿に近づけてから相手に渡そうとする心ばえがうかがわれ、あの名文家にしてそうだったのかと、おのずと頭が下がる。

他人になりきる

読み直す際に、その文章に酔い痴《し》れて眺めていられれば当人は幸せだが、それでは推敲の役に立たず、読まされる相手が迷惑する。誰に対しても完璧な文章などというものは世の中に存在しない。これでその相手に通じるか、誤解されそうな箇所はないか、もう少しましな表現はないかと工夫し、少しでもいい文章に近づけようとするのが推敲《すいこう》である。うっとりと眺めていたのでは不具合が見つからない。ただ漫然と読んでいても効果はない。推敲のこつは、自分の文章であることを一度忘れて読むことである。要は、筆者自身が念のために読み返すという態度を捨てることなのだ。自分が書いたものだから、内容はもうわかっている。だから、若干の誤字や脱字があろうと、文が少々ねじれていても、極端に言えば一行とばして読んでも、全体の意味の流れはつかめる。これでは、不具合に気づきにくい。

ところが、実際の読み手は内容を知らない。そこに提供された文字情報、ことばの流れをたどりながら意味を推測するほかはない。だから、筆者であることを忘れ、できるだけ他人になりきって、そういうふうに文字の運ぶことばの流れを忠実に追いながら意味をつかもうと読みたどる。推敲にはそういう態度が必要なのである。

推敲《すいこう》のポイント

推敲に際して特に留意すべき重要な点検のポイントとその対策を列挙しておこう。

① 内容に論理的な混乱が生じ、全体として筋が通りにくいと判断したら、訂正程度では済まず、時間の無駄になるから、潔く主題を再確認し、構想を練り直す。
② 主張から外れた材料や、結論と矛盾する例などを発見したら、乱れを修正し整備する。
③ 主題を追う思考に飛躍があれば最初から考え直し、表現上の飛躍は補って間を埋める。
④ 表現意図が伝わりにくいと判断したら、内容との道筋をつけてわかりやすく修正する。
⑤ 想定する読み手の諸条件（年齢・性別・知識・性格・嗜好《しこう》）に応じて表現の姿を整備。
⑥ 段落構成やその排列を点検し、不備があれば、有効に機能するように手を加える。
⑦ 不注意な表現、不正確な表現、硬すぎる表現、飾りすぎた表現、きざな表現、不自然な表現があれば、相手が抵抗なく読める素直な表現に修正する。
⑧ 複数の意味に解釈できる曖昧な表現があれば、できるだけ一義的な表現に近づける。
⑨ 長すぎる文は可能なかぎり分割して、読みやすい長さに整える。
⑩ 文の途中で視点が変わると混乱しやすいので、少なくとも一文中は視点を統一する。
⑪ 必要な語が脱落したり、対応が乱れたりして、文の筋が通りにくい箇所を修正する。
⑫ 構成要素の文法的形式や、「おそらく……だろう」「もしかしたら……かもしれない」

「けっして……で（は）ない」といった呼応に乱れがないかを確認し、必要があれば整備する。

⑬ 語句の脱落や語順の乱れ、語形や用法の乱れを点検し、必要なら訂正・整備する。

⑭ 文章中の引用箇所について原本と照合し、原著者名・出典を確認する。

⑮ 尊敬語と謙譲語との混同、過剰敬語、待遇の不統一を点検し、修正する。

⑯ 自信のない箇所を辞典で確認し、漢字・送り仮名・仮名遣いの誤りがあれば訂正する。

⑰ 読みやすさを最優先に、句読点の量や位置を調節する。

すべては、伝えたい情報やそれに対する自分の考えが相手に届く文章に近づけるための配慮である。世に文章力と称するものは、読み手を思いやる心の働きに尽きる。

II 表現のもてなし

1　発想が光る

発想の転換

高校時代にガモフの本を読んでいて、林檎《りんご》を裏返しにする話などに、どうしてそんなことを思いつくのかと、不思議な感動に襲われた記憶がある。そのずっと前に、矢野健太郎の『エレガントな解答』か何かに、吉田洋一という数学者のまさに優雅な解き方が紹介してあって、やたらに感心したことも覚えている。甲子園の高校野球大会で最小限必要な試合数を計算せずに答える例は特に印象に残っている。ふつうは誰でも勝ち残るチームに焦点をあてて計算を重ねるが、四九チーム程度なら、一回戦でまず二四チームが勝ち、不戦勝ちが一チームなどと、順に計算してもさほど苦労せずに答えが出る。だが、もしも何万という数になれば、この正攻法では簡単にいかない。そこで発想を転換し、逆に負ける側に焦点を移すのだ。トーナメント方式だから、一度負ければ姿を消す。優勝チーム以外の各チームがすべて一回ずつどこかで負けるのだから、求める答えは、参加チームの数より一少ない。実にすっきりとしていて、論理的にどこにもごまかしはない。発想転換による鮮やかな着眼点、スマートな解答だ。

自動車捨て場

日常生活でも、思いがけない奇抜な発想に出合って、なるほどと感心することがある。駐車場の空き間に、縁もゆかりもない車が勝手に停まっていることがよくあるらしい。最初は「駐車ご遠慮ください」と、本来は自らの意志で行う「遠慮」をぶしつけにも相手に要求する程度でおとなしく出たが、まるで効果がなかったと見えて、「駐車厳禁」と語調を強めてみても、無断駐車は跡を絶たない。よほど腹を立てたのか、とうとう「無断駐車は一回につき三万円申し受けます」という貼り紙にエスカレートした。万一ほんとに支払われたらと、ちらと税務署のことが気になったが、単なる脅しと甘く見られたのか、一向に効果がないようだった。一億円に値上げしてみても、結果は同じだっただろう。

万策尽きて泣き寝入りするかと思いきや、世の中には機転の利く人がいるもの、どこかの業を煮やした地主が「自動車捨て場」と表示したら効果覿面《てきめん》、一発で問題が解決したと新聞にあった。駐車させればその車の所有権を放棄したことになるから、乗ろうとして車の姿が見えなくなっていても文句の言いようがない。凡人が車を置かせまいとして知恵をしぼるのと反対に、むしろ車を置くように誘いかける、この逆転の発想はすごい。近所のその地主に教えようかと一瞬思ったが、ほんとに廃車の山となっては撤去費用がばかにならない。ある朝、散歩の途中くだんの空地に通りかかり、犬と一緒にしばらく佇《たたず》んでいた。

修辞的残像

外国語の文章を読んでいて、一語一語の意味や部分的な意味はわかるのに、全体として何を言いたいのかさっぱり理解できないということがよくある。母国語の場合はその逆で、部分的にはっきりしない箇所があっても、全体の意味はとれるというケースが多い。辞書と首っ引きで長い時間をかけて読んでいるときにはよく飲み込めなかった文章が、さっと通読してみると案外すっとわかったりする。

こういう論理的には不可思議な経験を、外山滋比古は残像という映画の原理になぞらえて説明する。一つ一つのことばが静止して間に表現的空白がある状態は、映画のフィルムに似ているというのだ。それを一定の速度で映写すると、残像の働きで画面が動いているように錯覚される。本を読むときも、ある程度のスピードがないとこの残像が働かず、いちいち辞書を引くような読み方ではイメージがつながらず、場面として浮かばないから全体の意味が理解できないのではないか、という仮説だ。映画の生理的な残像に対し、これを外山は「修辞的残像」と名づけ、書名とした。非連続のことばから動きを感じとるのは、心理的な残像が働いて語間の空白を消すからだというのである。この圧倒的な説得力は、ことばが運ぶ論理というより、この新鮮な発想自体から生じる、そう思わせる文章だ。

陰翳礼讃《いんえいらいさん》

谷崎潤一郎は『陰翳礼讃』に「その部屋にいると時間の経過が分らなくなってしまい、知らぬ間に年月が流れて、出て来た時は白髪の老人になりはせぬかと云うような、「悠久」に対する一種の怖れを抱いたことはないであろうか」と書いた。衣食住の伝統を例にして、日本文化の特質が陰翳を基盤としていることを徹底して説いた随想的評論である。

漆器の肌を、幾重もの闇が堆積した色と見立てる。そこに施した金蒔絵《きんまきえ》は一点の燈明《とうみょう》のもとでは「豪華絢爛《けんらん》な模様の大半を闇に隠してしまっているのが、云い知れぬ余情を催す」し、羊羹《ようかん》も「肌の色が辛うじて見分けられる暗がりへ沈めると、ひとしお瞑想的《めいそう》」に思われる。書院の障子の裏に照り映えている寒々とした侘《わび》しい逆光線の明かりを「夢のような明るさ」と絶讃し、そういう幽明の境を漂う光に、「悠久」に対すると同じ怖れを感じとった、この発想に読者はしばしばことばを失う。

桜の樹《き》の下には

梶井基次郎の作品の吸引力は、病的に研ぎ澄まされた感覚に裏打ちされた奔放な想像力にある。『桜の樹の下には』は、樹冠を覆って咲き誇る桜花の秘密を、その下に「屍体《したい》が埋っている」と、動物の死骸をエネルギー源と空想することによって、桜樹の恐ろしいまでの多花性の秘密を納得しようとすることから始まる。

腐乱死体という汚れたイメージを、このような美の原動力にすえた発想は、まさに独創的であると言っていい。そこから垂れる水晶に似た液が桜の木の維管束をのぼってゆくイメージとして展開する空想を含め、生命誕生の秘密めいた象徴を考える読者もありそうだ。

富嶽《ふがく》百景

『富嶽百景』で太宰治は、頼もしい富士の姿に、どてら姿の大親分のイメージを重ね合わせた。「人は、完全のたのもしさに接すると、まず、だらしなくげらげらと笑うものらしい」と一般化し、十国峠でばったり出会った、何とも頼もしい富士の姿を発見して「へんにくすぐったく」なって笑う自身の姿を、「帯紐《おびひも》といて笑うといったような感じである」と表現してみせた。何とも頼りないこのあたり一帯の痙攣《けいれん》ぎみの太宰節《だざいぶし》が読者の心をとらえるのは、底からにじみ出る人間の弱さとともに、この作家が時折こういう、はっとするような発想を核としてえぐってみせる的確な一彫りに突き当たるからではなかろうか。

2　作品構成からサスペンスが

『こころ』誕生まで

夏目漱石の小説『こころ』が誕生するまでには多少の曲折があったらしい。東京牛込早稲田南町の漱石、夏目金之助から朝日新聞の記者に宛てた手紙に、短編をいくつか書いてそれぞれに違った題をつけるつもりだが、その全体のテーマを「心」とする旨を書き送り、新聞の小説予告「心」として掲載されたという。第一回の冒頭に作品名「心」、副題に「先生の遺書」として連載が始まったが、途中、同じ記者に宛てて、短編をいくつも書くという広告が長編になってしまったという予定変更を表明したらしい。つまり、最初の短編というつもりで書き出した「先生の遺書」がそれだけで長編になったというのが実情のようだ。

新聞に正題「心」、副題「先生の遺書」として連載した作品を、著者自身の装丁で岩波書店から単行本として刊行する際に、初版の函と表紙と扉に「心」と明記しながら、背表紙や右ページの柱に「こゝろ」と印刷したのは、文字よりも音にこだわる漱石が確実にそう読まれるように指示したのだろう。

小説の構成

「先生の遺書」が思わぬ長編になったためにそれだけで一冊の本として発表したわけだが、その際、部立てとして全体を三つに分け、第一章「先生と私」、第二章「両親と私」に続く第三章として、初出の副題と同じ「先生の遺書」という題を採用し、三部構成とした。分量的には、第一部と第二部が前半、第三部が後半と二分できる割合となっている。

この作品が読者をひきつけるのは、青春の恋の悩みと死という普遍的な素材を扱ったということもあるが、信頼を裏切った他人に失望し、友情を裏切った自分にも絶望した人間が、妻にさえ打ち明けられない罪悪感と死に後れたという意識を抱きつつ、ひたすら死に場所を探し続け、ついに自らの命を絶つ、そういう人類の永遠のテーマを真剣に見据えて取り組んだ力作だったからだろう。

病没の二年半前に、晩年の漱石が度重なる胃潰瘍の発作に苦しみ、死を見つめながら、それこそ遺書でも書くような気持ちで心血を注いだ作品だったかもしれない。

内容的には、全体の半分ほどを占める第三部の「先生の遺書」さえ読めば、その先生自身の遺書だから、主題も題材も情報として読者に伝わる。それなのに、なぜその前に二つの章を配置したのだろう。

もし「先生の遺書」の部分だけを中編として発表したとすれば、それはある一人物の挫折の物語であり、読者にとっては単なる他人の告白にすぎず、平面的に展開する。その外側に、遺書の

「私」とは別の、いわば他者としての「私」を設定することにより、作品世界に奥行が生まれる。遺書の書き手の生き方は、手紙という形で他人の手に渡り、まず、それを読んだ別の「私」の心を動かす。その青年は「先生」の生き方にとまどいながらも、どこか共鳴するものを覚える。

こういう世代を異にする第三者の心理的な反響をとおして、作品は小説の読者に働きかける。平板な他人物語ではなく、そういうダイナミックな構造が実現するのだ。読者にとって、それはもはや他人の人生ではなく、問われているのは自身の生き方なのである。

サスペンス効果

前半の二つの章では、遺書の内容を「先生」の胸にしまいこみ、まったく事情を知らない若者の「私」に視点を置いて書いた。「先生」の不可解な行動の背景が何一つ解決しないまま、自然に展開できる小説の枠組みとなっているのだ。たとえば、墓参の姿を見られたときに、「あとをつけて来たのですか」と相手をなじるとか、「私を信用してはいけませんよ。今に後悔するから」とか、平生はみんな善人だが、いざというまぎわに急に悪人に変わるとかといった謎めいた発言など、「先生」の異様な言動が、その背景を何一つ説明することなく、物語はたっぷりとサスペンスを含んで展開する。

「先生は美しい恋愛の裏に、恐ろしい悲劇をもっていた」という暗示を置きながら、その「悲劇」を具体的に語らないなど、情報を思わせぶりに小出しにして読者の興味をつなぎとめながら最終章へと流れ込む。第二章までは、まさに推理小説の手法である。

このように巧みに張りめぐらされた伏線を利用して謎解きをするのが、最後の「先生と遺書」である。友人Kの自害を知り驚愕《きょうがく》するが、自己保全の気持ちから、Kの遺書に自分の裏切りが書かれていないかと心配する。が、それらしい恨み言が何一つ書いていないことを知って、世間体が保たれ、ほっとする。そして、自分の関与が記されていない安全な遺書を、わざと「みんなの目につくように」机の上に置く。

自分を欺いた叔父を憎み、気がつくと自分も親友を裏切って死に追いやっていた。人間誰しも持っているエゴと立ちまわりのずるさ、それでも心の底にとどめている正義感、状況に応じてめまぐるしく変化する両者の葛藤、作品はようやくそんな普遍的なテーマを、周到な傍証を重ねながら展開した倫理小説だという面もあるかもしれない。

しかし、作品構造によって生ずるサスペンスを操りながら、「先生」の心の奥を照らし出すこの手法は、読者に遺書というより心理小説を読む思いを抱かせることだろう。

3 書き出しの種類

〈時〉から書き出す

文章の書き出しは作品への入口だから、最初の一行で読みたくなるように仕向けたい。次を読まずにいられない気分に誘い込めたら大成功だ。まず伝統的な型を知っておこう。

昔話の桃太郎は、「むかしむかし、あるところに、おじいさんとおばあさんが……」と語りだす。このように〈時〉〈所〉〈人〉の順に情報を並べると、日本語では自然に感じられる。「ロンドンで、二十日早朝」「見知らぬ男が、とある路地で」などと、この順を破ると、前に引き出された情報が強調された感じになるようだ。小説でも〈時〉から入る例が多い。

芥川龍之介『杜子春《とししゅん》』の「或春の日暮です」、志賀直哉『焚火《たきび》』の「其日《その》は朝から雨だった」、田宮虎彦『鷺《さぎ》』の「慶長八年十一月十一日夜亥《い》の下刻」などはそういう伝統的な冒頭文だ。

〈場所〉から書き出す

最初に〈所〉を規定して小説を始める例も少なくない。永井荷風『榎《えのき》物語』の「市外荏原《えばら》郡世田ヶ谷町に満行寺という小さな寺がある」、三島由紀夫『潮騒《しおさい》』の「歌島は人口千四百、周囲一里に充たない小島である」などはその典型だ。「A市から北へ三里、Hと云う小さな町がある」

という志賀直哉『雨蛙《あまがえる》』の例も、アルファベットにぼかされているが、同じタイプの冒頭だ。「文科第七番教室は、この大学で最も古く、最も汚い教室である」という井伏鱒二『休憩時間』の奇妙な入り方も、早稲田大学と特定せず、番号も脚色してあるが、やはり場所を指定して始める冒頭文の一例であると考えてよい。

〈人物〉から書き出す

最初に主人公など〈人〉を提示して話に入るタイプとしては、「メロスは激怒した」と始まる太宰治の『走れメロス』が典型だ。「金井湛《しずか》君は哲学が職業である」と始まる森鷗外『ヰタ・セクスアリス』も同様だ。人間ではないが、「山椒魚《さんしょううお》は悲しんだ」と書き起こす井伏鱒二『山椒魚』も類例である。

「津島はこの頃何を見ても、長くもない自分の生命《いのち》を測る尺度のような気がしてならないのであった」と始まる徳田秋声『風呂桶《おけ》』もそうだが、「私は此《こ》れから、あまり世間に類例がないだろうと思われる私達夫婦の間柄に就いて、出来るだけ正直に、ざっくばらんに、有りのままの事実を書いて見ようと思います」という谷崎潤一郎『痴人の愛』の冒頭文には誘われる。「今日は、陸軍大臣が、おとうさまのお部屋を出てから階段をころげおちた」という武田泰淳『貴族の階段』の書き出しを読むと、もうその先を読まずにはいられない。

〈状況・事情〉から書き出す

夏目漱石の『坊っちゃん』は「親譲りの無鉄砲で小供《こども》の時から損ばかりしている」という経緯の説明から始まる。「山路《やまみち》を登りながら、こう考えた」という『草枕』の有名な冒頭文も同類だろう。未完に終わった最後の小説『明暗』も「医者は探りを入れた後で、手術台の上から津田を下した」という一文で、いきなり場面に入る。

「山の手線の電車に跳ね飛ばされて怪我《けが》をした、其後養生《そのあとようじょう》に、一人で但馬《たじま》の城崎《きのさき》温泉へ出掛けた」と始まる志賀直哉『城の崎にて』も経緯や事情の説明にあたる。これらのタイプは、時代を設定したり、物語の舞台を説明したり、登場人物を紹介したりする伝統的な入り方にくらべ、読者をすぐに作品世界に引き込む効果が大きいだろう。

たとえば、「学生生活を止して以来まる三年、私は学生時代と少しも変らない様式の生活を送った」という井伏鱒二『岬の風景』の書き出しにつられて、主人公はなぜ学生生活を止めたのか、まる三年もの間、どうして生活に変化がおこらなかったのだろうと、読者はついその気になって、主人公と事情を共有し、ともに屈託し、心配し始めるだろう。

唐突な書き出し

いきなり物語場面に引きずり込む効果をねらって、わざと唐突に書き出す試みもある。太宰治が『葉』を「死のうと思っていた」とだしぬけに始めたのは、その極端な例だ。一般の人間がこんなふうに書き出すのは気障《きざ》だろう。実際に何度も自殺を試みたこの作家でさえ、あまりに唐突すぎるかもしれない。突然、「みると靴が埃《ほこり》で白っぽいのだ」と、主語もなしにいきなり「みると」と書き出される堀辰雄『土曜日』も、いささか仕組んだ感じが気になる。「河の土堤《どて》に上って、僕らは吃驚《びっくり》した」と始まる小沼丹『村のエトランジェ』もいかにも唐突で、読者はいきなり物語の場面に投げ出されたような軽い衝撃を受けるだろう。

川端康成の『千羽鶴』は「鎌倉円覚寺の境内をはいってからも、菊治は茶会へ行こうか行くまいかと迷っていた」と始まる。これは一見、穏やかな入り方だが、助詞の「も」の働きで、その前から迷っていたことがわかり、事柄の途中から書き出したような唐突感が残る。

向田邦子が『大根の月』を「あのことがあって」と始めたのもそういう効果があるし、富岡多恵子が『立切れ』を「その男が」と書き出したのも、同種の趣向だろう。

それどころか、「そして私は質屋へ行こうと思い立ちました」と、こともあろうに一編の小説を「そして」という接続詞で始めた宇野浩二『蔵の中』のような、人を食った書き出しもある。

奇抜な書き出し

夏目漱石は『吾輩は猫である』で「吾輩は猫である」という一文を冒頭に据えた。有名すぎて、今では誰も疑わないが、発表当時はさぞや読者を驚かせたことだろう。猫が日本語で自己紹介を始め、小説の語り手を務めるからだけではない。作者が猫になりすまして物語を展開するという奇抜な趣向に引き込まれるからだ。

しかも、それが「猫」であることが絶妙なのである。「ライオン」では威厳が邪魔になるし、「猿」では人間批判のいくつかは自分にもあてはまりそうで、切れ味が鈍る。身近にいる「犬」は適任のようだが、あいにく生一本、ああいう真っ直ぐな性格では、皮肉をつぶやきそうにない。優雅なふるまいの「猫」は、取り澄ました雰囲気もあり、いつもどこか醒《さ》めていて、変わり身が早く、妙に老成して見えるし、インテリめいた婉曲《えんきょく》表現もこなしそうで、いかにもぴったりしている。機構的にも成功だったろう。

日常生活で人間が小馬鹿にしている「猫」が「吾輩」という尊大な一人称で登場するのも有効だろう。もったいぶった口調で、辛辣な文明批評を展開するのに、この「吾輩」という一人称がぴたりとはまる。奇抜な視点で語るユニークな内容を予見させて見事である。

雄大な書き出し

島崎藤村の『夜明け前』は「木曾路はすべて山の中である」という荘重な調べの一文で始まる。この雄大な冒頭文は、高みから木曾路の全貌を眼下におさめる一大パノラマを思わせる。作品の舞台を一望できる位置にあるこの視点は、そういう空間的な広がりにとどまらず、時間的にも広い見渡しの利くことを思わせる。その意味でも、明治の夜明け前を描くこの大長編の幕開きにふさわしいスケールで堂々と立っているように見える。

象徴的な書き出し

最後にもう一つ、あまりにも有名な冒頭文をあげよう。「国境の長いトンネルを抜けると雪国であった」と始まる川端康成の『雪国』の幕開けである。この第一部に相当する部分が短編『夕景色の鏡』として発表された初出原稿では、「濡れた髪を指でさわった。――その触感をなによりも覚えている、その一つだけがなまなましく思い出される云々」と官能的に書き出されていたという。

改稿された現行版では、その官能的な回想部分が削除され、この一文が作品冒頭にすっくと立ち上がった。上州と越後との国境に位置する長いトンネル、それを一つ越えただけで、車窓に映る風景が一変する。小説の冒頭にすっきりと立つこの一文には、闇を越えて純白の別世界に入った、作中の視点人物島村の感動がこめられているように読める。

トンネルの手前までは無為徒食《むいとしょく》の生活が営まれる現実の社会、長いトンネルを抜けた彼方には駒子や葉子の住む別世界が浮かんでいる。トンネルのこちら側とあちら側は、まさに此岸《しがん》と彼岸、すなわちこの世とあの世にも擬せられる二つの世界である。そういう象徴的な深読みを誘うほどに、この一文は作品の入口に何やら意味ありげに立っている。

4　結びにふくらみを

結びらしく

昔話や童話では「二人は末永く幸せに暮しました」といったハッピーエンドが典型的で、「めでたし、めでたし」と終わる作品が多かった。挨拶文や論文などでも結びにそれなりの型があるが、小説や評論や随筆にはどう結ぶかというルールめいたものは何もなく、各自が作品ごとに工夫をこらす。それでも、いかにも終わりらしく感じられるタイプはある。芭蕉の臨終を描いた芥川龍之介の『枯野抄』の次の末尾の一文などは堂々と難解な漢語で格調高く締めており、その好例だろう。

こうして、古今に倫を絶した俳諧の大宗匠、芭蕉庵松尾桃青は、「悲嘆かぎりなき」門弟達に囲まれた儘《まま》、溘然《こうぜん》として属纊《ぞっこう》に就いたのである。

自然に終わる

終わりらしく結ぶ意識などなく、結果としてそうなってしまう例もある。東京八王子の瀧井孝作邸を訪ねた折、「事実をそのまま書くという表現態度」を貫けば、作品の末尾だからどうこうするという意識は生まれないのではないかと水を向けると、自分の作品は頭でこしらえるのでなく、経験した事実を書くのだから、その事柄が終われば作品もそのまま終わる、「ことばでしまいにしようってことはない」と、この作家はきっぱりと否定した。たしかに、『慾呆《よくぼ》け』でも、老父上京の一件が終わるとともに、「この年寄は塩尻駅で乗り換えるはずだから塩尻に着いたら乗換えをおしえてやってくれ、と頼んだりしておいて別れた」と、小説も当然のように終わる。熟しきった実がおのずと枝を離れるように作品は自然に終わってしまう。

冒頭と呼応

芥川龍之介の『蜘蛛《くも》の糸』は作品末尾の「極楽ももう午《ひる》に近くなったのでございましょう」という一文が、冒頭段落中の「極楽は丁度朝なのでございましょう」という文と響き合うことで、一編の統一感を際立たせ、形式美をつくり出しているように思われる。

一九七六年の夏、東京赤坂のホテル・ニュージャパンで田宮虎彦にインタビューする機会があった。その折、「皇太子誕生の祝賀の曲が聞こえてくる」場面に始まり、似たようなシーンで結ぶ小説『菊坂』を例に出して、作品の冒頭と呼応して結ぶという作者の意識を問うと、そういう考えは最初からあったと認め、「前のほうはワーッと沸き立ってて、最後は遠くから聞こえてくる寂しい単調な音で終わらせようと」と補足した。その原文は、冒頭近くが「ブラスバンドが、提灯の波のうねりとうねりとをつなぐように、君が代行進曲や軍艦マーチや、そして、その間々に、皇太子さまお生れになった——という祝賀の曲を吹きならして通りすぎていった」、末尾が「病舎のどこかで、皇太子さまお生れになったという単調な曲をかなでているオルガンのものうい音律がきこえていた」であり、明らかに両者が照応しながら一編のまとまりを印象づける効果を奏していると言えるだろう。

余韻の響く結び

事柄の尽きるとともに終わる淡々とした結びではなく、作品のフィナーレを意識して、嫋々《じょうじょう》と余韻の響くように結ぶ例もある。芥川の『羅生門』の末尾はそういう一例と言えよう。老婆の着物をはぎとった下人《げにん》が楼門の梯子《はしご》を駆け降り、その姿を追って老婆が門の下を覗《のぞ》き込むと、すでに下人の姿はなく、「外には、唯《ただ》、黒洞々《こくとうとう》たる夜があるばかりである」と書いた作者は、そこで改行し、「下人の行方は、誰も知らない」という短い一行を投げ込んで小説の世界を閉じた。

老婆が下人の姿を見失った瞬間、読者の前からもそのイメージが消え、黒々とした深い闇がひろがって作品場面が終わる。姿を消した下人の行方、その後の行動や生き方まで、すべて読者の想像に委ねられる。最後に投げ捨てられた一文は、作品世界とは別の次元からのメッセージなのだ。突き放された読者は、心理的に揺さぶられ、作品の残響に漂う。

ふわっと放す

帝国ホテルに吉行淳之介を訪ねた折、小説を書いていて、ここで止めようと決心するタイミングに話を向けると、即座に「それはむずかしい」と応じ、結びに関する持論を展開した。「短編で一番いけないのは、ストンと落ちがついて終わるもの」で、それは作者の衰弱だとまで強調した。「さりとて、曖昧にぼかしてもいけない」し、「わざと終わりを削って」断絶感を出そうとするのは「邪道」だと厳しい。「一回ギュッと締めて、パッと広がして終わらす」ことを心がけるという。締めたあと「フワッと放して膨らます感じを出す」のだという。ただし、それは「明晰《めいせき》な広がりでなくっちゃいけない」と語調を強めた。車を運転していてブレーキを踏む際に、巧みなドライバーは停止する直前にペダルをいくらか戻しぎみにしてなめらかに停止させる、そんな呼吸だろうか。

夏目漱石が『こゝろ』と『道草』との間に胃潰瘍の発作と発作の間を縫うように朝日新聞に連載した自伝的な随筆『硝子戸の中《うち》』の幕切れはそれに近いかもしれない。自分の死という問題を真剣に考えた人間が、そこから振り返っていとおしむ人生の風景を描いた。「霧の深い秋から木枯の吹く冬へ掛けて、カンカンと鳴る西閑寺の鉦《かね》の音は、何時《いつ》でも私の心に悲くて冷たい或物《あるもの》を叩《たた》き込むように小さい私の気分を寒くした」という幼時の追憶、「縄暖簾《のれん》の隙間からあたたかそうな煮〆《にしめ》の香《におい》が煙《けぶり》と共に往来に流れ出して、それが夕暮の靄《もや》に融け込んで行く趣」といった懐かしい風景、「水に融けて流れかかった字体を屹《きっ》となって漸《やっ》と元の形に返したような際どい私の記憶の断片に過ぎない」母の思い出などの点描だ。

最終回に、人類を広く見渡せる雲の上から、これまで物書きとして過ごしてきた自身の姿を眺めては「他人であったかの感を抱きつつ」微笑する。ここで終わっても文章の流れとしてごく自然だが、漱石は、「まだ鶯《うぐいす》が庭で時々鳴く。春風が折々思い出したように九花蘭の葉を揺《うご》かしに来る。猫が何処《どこ》かで痛く噛《か》まれた米噛《こめかみ》を日に曝《さら》して、あたたかそうに眠っている」と、鶯、春風、猫という春の庭の寸景を点描し、フィナーレに向けてさらに舞台を整える。

そうして、「先刻迄《さっきまで》庭で護謨《ゴム》風船を揚げて騒いでいた子供達は、みんな連れ立って活動写真へ行ってしまった。家も心もひっそりとしたうちに、私は硝子戸を開け放って、静かな春の光に包まれながら、恍惚《うっとり》と此《この》稿を書き終るのである」と書き添えて絶対的な時間を創出し、いよいよ完璧な結びに入る。

それでも満足しないのか、この文人は、その後にもう一行加えずにいられなかった。「そうした後で、私は一寸肱《ひじ》を曲げて、此縁側に一眠り眠る積《つもり》である」という、最終的に末尾となったその一文は、ギュッと締めた手をフワッと緩めて放す一筆にあたるだろう。

話はそこで終わっても、主人公たちはまだ生きて、これからも暮らしてゆく。そういう舞台の外の世界をちらりと見せることで、作品に奥行が出る。そういうふくらみを実現した絶妙の加筆だったように思われてならない。

5　視点で方向づける

内部視点と外部視点

円形が斜めから見れば楕円《だえん》に見えるように、ある人が丸いと言い、別の人が三角だと言っても、どちらかが嘘《うそ》を言ったとは限らない。円錐《えんすい》は上から見れば丸く見え、横から見れば三角に見える。富士山も静岡側から眺めるか山梨側から眺めるかで姿が大きく変わる。次第に暗い状態に変化する現象を「暗くなった」と表現すれば客観的だが、それを「暗くなってきた」とか「暗くなっていった」とかと表現すると、現象をそのようにとらえる人間の存在が意識され、主観性が生ずる。

小説でも、主人公なりその相棒なり、ともかくその作品に登場する一人物から眺める描き方と、作中人物とは別の語り手が、外部からその作品世界を眺める描き方とがあり、前者を「内部視点」、後者を「外部視点」と呼ぶ。

作中で活躍する重要人物であれ、彼らを観察する傍観者であれ、ともかく語り手が一個人であれば、自分の知りうる範囲に限定された視点となる。一方、すべての作中人物について、外見はもちろん、行動や心理や性格をも熟知し、さらに、過去から現在まではおろか、その未来までも知り尽くした、まるで全能の神のような視座から作者が語る作品もある。その場合、前者を「制限視点」、後者を「全知視点」と呼んでいる。

作家はこういう視点の働きを巧みに操作して、客観的に記述したり、登場人物に感情移入して主観的に書いたりする。それぞれの印象の違いを利用して効果をねらう試みだ。映像芸術のカメラワークに似ているかもしれない。

『武蔵野夫人』の視点構造

概して日本の小説では視点が揺れやすく、全知視点と呼べるほど客観的な視点構造を示す作品はごく稀《まれ》だと言われる。多摩丘陵の地形を書く必要が生ずると地質学会に入会するほど、ものごとに本格的に取り組む作家、大岡昇平を東京成城の自宅に訪ねたのは一九七一年の秋である。『俘虜記《ふりょき》』や『野火』のように視点の固定した作品のある一方で、『武蔵野夫人』のように作品世界の外から語る感じの作品もあることを話題にし、それは作品のテーマに合わせた選択かと水を向けてみた。すると、その問いは肯定したものの、「作者が離れて書くほうはうまく行かない」、『武蔵野夫人』もそうだとして解説に乗り出した。スタンダールの場合は「一段高い位置にいて、上から照らす形だけではなく、作者が「斜めのほうから見」て「物語の進行に口を挟む」。断定的に書いてあっても、作者の介入によって作品全体を相対化する効果がある。その真似というより、自分に「そういう思考のくせ」がついているのだという。

『武蔵野夫人』における視点のふるまいを具体的に追ってみよう。人妻である道子と軍隊から復員した従弟《いとこ》の勉との恋愛を「困難な情事」と規定し、二人の関係がなかなか進展しない事情を、そういう条件下での必然的な結果と分析する。「道子の恋は一歩退いていた」と、ヒロインの恋愛感情を大所高所からの判断で断定する。「これはそれだけ勉の恋が進んだためにほかならず」と、その原因をきちんと認定でき、「道子は自分が退いても、勉との距離が依然として変らないのに安心していた」と断定できる視点なのだ。

そして、「勉がいくら進んでも、それだけ彼女は退くことになる」と、未来の可能性とその際の結果をも予告し、さらに、それを「困難な情事においては」「女の恋は」「なかなか過度には到らない」という一般傾向をルール化して、二人の個別のケースをそこに位置づける。しかも、それを「ものである」という文末表現で読者に説いて聞かせる、そういう態度で事もあろうに小説を展開するのである。

視点のありか

それとは対照的な吉行淳之介『驟雨《しゅうう》』の一節を読んでみよう。「町を俄雨《にわかあめ》が襲ったのだ」とか「大部分の男たちは傘を持たぬ」とかという説明の前に、この作家はこう書いた。

高い場所から見下ろしている彼の眼に映ってくる男たちの扁平《へんぺい》な姿、ゆっくり動いていた帽子や肩が、不意にざわざわと揺れはじめた。と、街にあふれている黄色い光のなかを、煌《きら》めきつつ過ぎてゆく白い条《すじ》。黒い花のひらくように、蝙蝠傘《こうもりがさ》がひとつ、彼の眼の下で開いた。

大粒の雨がぽつりと落ちてくると、間もなくぽつりぽつりとなり、やがてたたきつけるような激しい降りとなる。そのわずかな時間の路上の動きを一つの視点から感覚どおり克明に描きとっている。道行く男たちを、真上に近い高い位置から見下ろし、「扁平な姿」ととらえた。次が「ゆっくり歩いていた」でなく「動いていた」となるのも、その位置からは扁平なものが移行するように見えるからだ。そのため、動く主体も「男」でなく「帽子や肩」となる。解釈すれば人間の歩行なのだが、ほぼ真上から見下ろす眼に直接はっきりと映ずるのは帽子と肩の動きだから、感覚に忠実に書けば当然こうなる。雨と気づいた通行人があわてて急ぎ足になる場面だが、「不意にざわざわと揺れはじめた」と、あくまで上方の視点から直接とらえられる帽子や肩の揺れとして描き出すのである。

「点」となって落ちて来た水滴は見る間に「線」に変わるが、それでも作者はまだ「雨」という概念として記さず、「黄色い光のなかを、煌めきつつ過ぎてゆく白い条」として描く。「雨」という概念としてではなく、夜の街の光の海に白く光りながら突き刺さってゆく線として、生きた視点から感覚的に描きとるのである。だからこそ、誰かが「傘をさす」でも「蝙蝠傘を広げる」でもなく、「黒い花のひらくように、蝙蝠傘がひとつ、彼の眼の下で開いた」となるのだ。同一平面上に立てば、そうは見えない。この「花開く」イメージは垂直に近い角度で見下ろす視点がとらえた感覚的に自然な比喩表現であることに気づく。

忍び込む視点

前に語りの調子を説明する箇所で言及した坪田譲治の『風の中の子供』に、「帽子掛けにチャンと三平の帽子があり」という表現が出てくる。その場所に三平の帽子があるという情報は客観的な事実として述べているが、「チャンと」という副詞は違う。それを弟が帰って来た証拠と考える善太の視点が映っているからだ。また、「柿の木の下へ行って見ると、そこにお母さんの大きな下駄がぬいである」という文でも、その場所にお母さんの下駄があるということ自体は客観的な事実だとしても、「大きな」という連体詞は違う。その下駄が女用の大人の下駄として特別大きなサイズだという意味ではなく、木に登っているのが母親ではなく三平だと考えている善太が、一年生の小さな足には不釣合いな大きさだと判断したから「大きな」と添えたのであり、作者が善太側に視点を移した表現なのである。

藤沢周平の作品はほとんどが三人称小説だから、基本的に客観的な描写がベースとなる。「うしろの空に月がのぼって、それがまた見たらびっくりするような、赤くて大きな月だったのだが、むろんおさとは気づかなかった」という『おぼろ月』の冒頭場面も、感覚的、心理的な叙述も交え、人のけはいの漂う筆致ではあるが、それでも作者はたしかに作品世界の外から眺めている。

だが、この作家は時に、実にさりげなく作中人物の内側に視点を移す。『紅の記憶』という作品は、「背後から音もなく風が吹き抜けた。冷やかな秋風だった」として終わる。「冷やかな」は綱四郎の感覚である。これをもし、「秋風を背に受けて綱四郎は冷やかに感じた」と、その人物を外から観察する立場で書けば、完全な客観的記述となるが、それでは読者の感情移入は起こりにくい。

『三屋清左衛門残日録』には、「気持ちが若返る感じがする」「新しい世界がひらけそうな気もして来る」といった現在形止めの心理描写が目立つ。『枯野』には、「ちょうどいい時刻かも知れなかった」「びっくりしたようである」「気づいたらしかった」というふうに断定を回避して推測する形の文末表現が頻出するし、「向島にあるこんな寺で」と、コソアドによる現場指示の表現も見られる。これらはいずれも、読者に作中人物の視点を感じさせ、当事者らしい臨場感を高める働きをしていると見られる。

『盲目剣谺《こだま》返し』と題する盲目の剣士の話でも、「近づいて来る足音がした」という箇所は、果たし合いの相手である島村の足音を「て来る」ととらえる三村新之丞《しんのじょう》の側から描いている。「そこから急に忍ぶような気配になって、ゆっくり近寄って来た」という表現も同様だ。「構えた剣のむこうに、かすかに身じろぐものの気配がある」のあたりも、「むこう」と認識する位置に視点がある。こうして読者はいつか新之丞と一体化し、見えない眼で一瞬一瞬の気配を感じとってゆく。やがて「重いものが地に投げ出された音」がして勝負は決する。読者も「徳平が走って来る」気配に気づき、ほっと息をつくことだろう。
これらはすべて、文章の視点のふるまいがもたらす迫力である。

視点人物の映像化

幸田文の『おとうと』は、文章中の姉「げん」を「私」と置き換えてもほとんど違和感がないほど、小説の冒頭から文面を流れるのは、げんの視線であり、げんの感情である。その点、実質的に一人称小説であるように見える。そうしなかった意図を探ろう。

ある雨の朝、弟が腹を立てて傘も持たずに飛び出し、濡《ぬ》れながら学校に急いでいる。せめて傘を持たせようと姉が必死に後を追う場面である。背景をなす大川端の情景も、「川のほうから微《かす》かに風を吹き上げてくる」というふうに、その風を受けて歩いているげんの側から描いている。通勤や通学の人の群を「みな向うむきに行く」ととらえ、前を歩いて行く弟を「紺の制服の背中を見せて」と後ろ姿でとらえるなど、このあたりすべて姉のげんの視点で統一されている。

「まさか大声を出すわけにもいかないから、その分を大股にして」の箇所も、げんでないとこんな表現にはならない。弟の急ぐ姿を「やけにぐいぐいと長ズボンの脚をのばしている」と感じるのも同様だ。弟について「情けなさを我慢して歩いているのだ」「いっそほっといてもらいたいのだ」「なまじっか姉になど優しくしてもらいたくないのだ」「腹たちっぽいものはかならずきかん気やなのだ」と、げんが「のだ」を連発して畳みかけるのも、まるで自分を納得させようとしているような響きに聞こえる。読者は、傘を差しかけてやりたい一心で必死に追いかける姉の息づかいを聞く思いがする。「ばかめ、おこらずになみに歩いて行け」と心でつぶやきながら、意地になって足を速める姉の至情を、げん自身の視点でこのように生ぐさく描き出した。ここまでは一人称小説と何ら変わりはない。

作者はその直後に、「げんも傘なしにひとしく濡れていた」という一文を、さりげなく投げ捨てて、行を改める。そこまではずうっと、姉げんの眼に映った対象が読者の前に展開してきた。ここで初めて視点人物げん自身の姿が、画面の中央に映し出されたことになる。これがもしも、ほんものの一人称小説であれば、「私も傘なしにひとしく濡れていた」となるはずだった。姉としての至情が激しく投げつけられた後だけに、「私も」と書いたのでは、感情に流されたひとりよがりの文章に印象が一変してしまう。そういうナルシシズムに陥る危険をあやうく免れたのは、ともかくも三人称の形式を残して「げんも」と書くことのできた、この作品の視点構造のせいだったように思われてならない。

視点の揺れ

日本語の文章では一般に視点が揺れやすい。感情移入の起こりやすい小説の世界ではなおさらだ。自然な乱れというより、意図的に視点を移す例も多い。川端康成の『千羽鶴』に、切手も貼らずに投函するほど取り乱して書いた手紙を、相手が読む前に返してもらおうと、ヒロイン太田文子が、視点人物を兼ねる主人公の三谷菊治の家を訪問する場面がある。そんなこととは知らない菊治が目の前で無造作に封を切ろうとするので、文子は「お返しになって」と腕を伸ばしてその手紙を取り上げようとする。菊治がとっさに手を後ろへ回したため、それを奪おうとして文子は体のバランスを崩し、菊治に倒れかかる。が、相手の膝に左手の指を軽くふれただけで、文子はしなやかに立ち直った。

この場面で作者はまず「菊治に倒れかかってゆきそうなのを」と、菊治を正面に見る位置で文子の背後からその動きを描いた。ところが、少し後に「こんなやわらかい手ざわりで、どうして支えられたのだろう」という文が現れる。地の文ではあるが、「こんな」ととらえたのは作者ではなく、膝に相手の指が接触するのを感じた菊治以外にはありえない。

そして、次の段落には、同じく地の文として、「文子がぐらっとのしかかって来るけはいで、きゅっと体を固くした」というふうに、「のしかかって来る」と、文子を迎える菊治の位置からとらえた表現に変わる。

一度は冷静に、二人を外から目撃した客観的な描写を記し、次に視点を菊治側に移動させて、今度はいわば場面の内側から感動的に描いたことになる。こうして多角的に描きとることで、読者を作品場面に誘い入れ、その脳裏に印象深く刻み込む効果が期待できる。

と同時に、描写の対象であるヒロインの美を現場で享受する位置への叙述視点のいわば出向は、表現構造上の重要な役割をも果たしているように思われる。文子の「あり得べからざるしなやかさ」を目のあたりにして菊治が「あっと声を立てそう」になり、「烈《はげ》しく女を感じ」る。この世のものとは思えない女の本能の秘術を見たような菊治の感動が、文子のその行為の余波をこのようにくりかえし描く手法で念入りに語られる。

しかし、菊治の期待交じりの予感ははずれて、文子の体はあっけなく遠ざかる。菊治にとっては、勤務を終えた夕刻いくぶん濃くなった女性の体臭が一瞬近くを漂っただけで終わる。視点を揺らし、寄せては返す波のように展開する漸層《ぜんそう》的な流れが、「文子は温い匂いのように近づいただけであった」というクライマックスの比喩表現へと迫《せ》りあがる。

6　同じ語を避け多彩に

同語回避の美意識

同じことばを何度もくりかえし使うと、いかにも語彙が貧弱なように見える。井上ひさしは『自家製文章読本』で「上品なスペイン語の文章では一頁のなかに同じ単語が二度あらわれてはならない」とされることを紹介し、「谷崎は「文章」について語っているつもりで、実は「形式」について」と書いた後、「語っている」という表現を避けて「云々《うんぬん》していた」と結ぶなど、みずから実践してみせた。フランス語でもそういう美意識が強いと、遠藤周作の小説『おバカさん』

に登場するガストンのモデルという仏人のネラン神父に聞いたことがある。

夏目漱石の初期作品にそういう配慮の跡が目だつ。『倫敦塔《ロンドン》』に「只一度倫敦塔を見物した事がある。其後再び行こうと思った」と書いて、次を「日もあるが」と続け、「一度で得た記憶を二返目に打壊すのは惜い、三たび目に拭い去るのは尤《もっと》も残念だ」と展開するくだりなど、極端な例だろう。事がある／日がある、一度／二返目／三たび目、打壊す／拭い去る　など、今ではいささかこだわりすぎて感じられるかもしれない。

目だたず、隠し味となっている箇所も多い。『吾輩は猫である』の書き出しの文末の響きに注目したい。「吾輩は猫である。名前はまだ無い」と始まり、改行して「どこで生れたか頓《とん》と見当がつかぬ」と続く。この文末はなぜ「つかない」としなかったのだろう。段落の切れ目はあるものの、直前の文が「無い」で終わっているからではないか。それは形容詞であり、次が「つかない」と「ない」で終わっても、こちらは助動詞だから文法上は別語であり、同語の反復にはあたらない。しかし、品詞こそ違え、否定の意味を共通しており、無縁なことばではない。それでも漱石がこだわったのは、ナイという同じ音の連続となって、文末の響きが単調になるのを避けたかったからだろう。

単調になりやすい日本語の文末

日本語では文を述語で結ぶ。その述語の多くは動詞か形容詞・形容動詞で、終止形がすべて動詞はウ段、形容詞はイ音、形容動詞は「だ」で終わる。名詞述語文も名詞のあとに「だ」か「である」が付く。敬体にしても「です」や「ます」になり、過去形にすれば、すべて「た」か「だ」になってしまう。そういう言語的な制約があって、日本語の文章は文末の音がきわめて単調になりやすい。その点、猫のこの書き出しは「……猫である。……まだ無い。……見当がつかぬ。……記憶している。……見た。……であったそうだ。……という話である」と続き、日本語としては奇跡的と思われるほど、文末がきわめて多彩である。

鎌倉の自宅を訪問したあの日、永井文学における省略の問題を話題にすると、「省略過多になる一つの原因として、同じことばをくり返し使うまいとしていることがある」と、永井龍男は「短編に同じことばが出てくるのは興ざめ」で、自分でも原稿用紙「二、三枚のうちに同じことばを二度使っちゃいかんぞ」と戒めながら書いていると語った。

その折、文末が多彩なのもそれと通じるのではないかと、「桜はすでに満開を過ぎていた。そこへ昨夜の吹き降りで、雨は止んだが、風は相当強い。雲が多く、半島全体が照ったり曇ったりしている。海は一面の風波だ」という『風』の冒頭近くを例にあげて、「同じものを二度使わないという配慮をここにも感じる」と水を向けると、この作家はいくぶん照れくさそうに表情を崩した。

ごく自然に見える文章の中に多彩な文末表現が実現していることを知り、練達の士の文章力に驚嘆する。なお、この少し前にも、「海沿い」と「沿岸」、「温泉場」と「温泉町」など、明らかに同語の反復を回避したと思われる類義語による言い換えの箇所が散見する。

7　散文にも息づかいのリズム

構造的リズム

和歌や俳句、定型詩などはリズムが命だが、小説や随筆などの散文には目立ったリズムはめったに現れない。浜田広介の童話『さむい子守唄』に「いたちの穴はあたたかい。行ってもいいが、でも、せまい。せまくて、かえりはかえれまい」という韻文めいた語りが見られるものの、あくまで例外的な調子である。

一方、明確な音数律にはなっていないのに何となくリズミカルに感じる流れもある。漱石の『草枕』の有名な冒頭などもその一例だろう。「智《ち》に働けば角が立つ。情に棹《さお》させば流される。意地を通せば窮屈だ。兎角《とかく》に人の世は住みにくい」として改行し、「住みにくさが高じると、安いところへ引き越したくなる。どこへ越しても住みにくいと悟った時、詩が生れて、画《え》が出来る」と続く一節だ。

音声的には五音と七音とを基調とするリズムも感じられるが、「……ば……」という同じ構造の文が三つ連続する点も見逃せない。そのうち初めの二つは「……に……ば」というまったく同じ文型だ。最後の「詩が生れて、画が出来る」の流れも同質の諧調である。もう一つ、「住みにくい」から「住みにくさ」、「引き越したくなる」から「どこへ越しても」への、文末から次の文頭への移行も、調子のよさを増幅しているものとして注目される。先行文の文末近くのことばを後続文の冒頭近くでくりかえす、この種の流れは、俗に「尻取り文」と呼ばれるように、文の連鎖を印象づける効果がある。

歌うような調子

太宰治の『駈《かけ》込み訴え』に「申し上げます。申し上げます。旦那さま。あの人は酷《ひど》い。酷い。はい、厭《いや》な奴です。悪い奴です。ああ。我慢ならない。生かして置けねえ」という一節が出てくる。全体が七五調など一定の音数律で統一されているわけではないが、どことなく調子がいい。隠れたリズムがあるようだ。もしも「あの人は酷い」という文を前半の「あの人は」と後半の「酷い」とに分解すると、前者は直前の「旦那さま」と五音の連続となり、後者は直後の「酷い」と三音の連続をつくる。

その結果、「はい」と「ああ」という二音のことばを合いの手として、七・七・五・五・三・三／七・七／七・八と並ぶこととなり、この文章の音楽的構造があらわになる。

もう一つ、意味内容を加味したリズム感に注目しよう。最初の二文は同じことばのくりかえしだ。次も名詞に「です」という指定の助動詞の続く、同一の文構造になっている。意味上もその前に連続して現れた「酷い」という形容詞の線に沿って、「厭な」「悪い」と同じ方向の意味の形容が続き、それを受ける名詞も「奴」「人」という人間を意味する語が連続する。つまり、その二つの文は、形式・内容ともに酷似した文の反復なのだ。そのあとの「我慢ならない」と「生かして置けねえ」との関係も同様だ。

心地よい諧調

「道がつづら折りになって、いよいよ天城峠に近づいたと思う頃、雨脚が杉の密林を白く染めながら、すさまじい早さで麓から私を追って来た」と始まる川端康成『伊豆の踊子』も快い響きで読者の耳を打つ。

意味をたどりながら口を動かして読む時のリズムは、三・六・三、四・七・六・五、五・三・五・三・五、五・四・五・五（四）・五となるだろう。なめらかな五音をベースに、時折弾むような三音をはさむ、若々しいマーチの調べで流れるように展開する。

谷崎潤一郎の『細雪』の文章も、声に出して読むと快いリズム感が味わえる。「古人の多くが花の開くのを待ちこがれ、花の散るのを愛惜して、繰り返し繰り返し一つことを詠んでいる数々の歌」と流れ、少し隔てて「昔の人が花を待ち、花を惜しむ心が、決してただの言葉の上の「風流がり」ではないことが、わが身に沁《し》みて分るようになった」と続く流麗な文章である。

この文章の諧調は、「花の散るのを」「数々の歌」「昔の人が」「決してただの」「言葉の上の」

「わが身に沁みて」など二文節で七音となる多くの箇所により、あるいは、「古人の多くが」といった四音の連続、「開くのを待ちこがれ」「繰り返し繰り返し」といった五音の連続など、同じ拍数の文節が続くことによって、耳に心地よい諧調が支えられている。

畳みかけ

小林秀雄の『ゴッホの手紙』に迫力十分に迫《せ》りあがる一節が出てくる。「理想を抱くとは、眼前に突入すべきゴールを見る事ではない」と言いきったあと、「決してそんな事ではない」と駄目を押し、少し置いて「これはゴッホの個性的着想という様なものではない」と、もう一度きっぱりと打ち消す。そしてすぐ「その様なものは、彼の告白には絶えて現れて来ない」と、その否定を強調したあと、「告白すべき個性的なものが問題だった事はない」と、斬って捨てるように段落を結ぶ。

こうして暴力的にも見える否定表現の連続で畳みかけながら、紛らわしい不要物を削除しつつ核心に迫る。まさにこの批評家らしく、論は尖鋭化《せんえいか》し、激越な文調で叩《たた》きつけるように突き進む。ここにあるのは、耳に心地よい、流れるようなリズムではない。概念を荒々しく駆り立て、読む者をはげしく酔わせる痛烈なリズムである。

降り注ぐ同語

田宮虎彦の『沖縄の手記から』に、同じことばが烈《はげ》しく降り注ぐ一節がある。米軍による沖縄空襲が激化し、「暁闇《あかつきやみ》の空に曳光弾《えいこうだん》が花火のように弧を描き、はげしい空襲の中に、やがて朝焼けに空が焼けて、夜が明けていく日もあるようになった」。「アメリカの機動艦隊が沖縄近海に迫って来ていることは、もはや疑う」余地はなく、日本軍はそれを迎え撃ち「水際に敵を撃退する」準備を済ませ、敵が上陸作戦を開始するのを待つばかりだ。

敵を迎え撃つ側の人間が、その機を待つ心理を述べた箇所である。事態は緊迫し、気持ちも張り詰めている。だが、その悲壮感を語る文章は、どこか弾むような筆致で軽快に流れてゆく。

待つという言葉は、私たちの心のありようを決して正しくはつたえなかったが、それは、やはり、待つというよりほかいいようはなかった。私たちはその日を待った。そして、その日は、待つ間もなく来た。

ピーンと張り詰めた空気の中で太い弦をつまびくようなこのリズム——それは「待つという言葉は」「待つというよりほか」「その日を待った」「待つ間もなく来た」と、あえて「待つ」という同じことばの驟雨《しゅうう》で畳みかけ、迫りあがる表現効果だったように思われる。

精神のリズム

志賀直哉の没後、文体感覚と言語意識を探る作家訪問を雑誌に連載し、十数人の作家の肉声にふれた。その最終回、鎌倉雪ノ下の自宅の広い応接間で、小林秀雄は志賀の文体を「見たものを見たっていうふうな率直な文章」と評した。仮に生前、志賀訪問が実現したとしても、文学の肉体と精神の話に終始し、表現技法の話など出なかっただろう。見たものを見たという率直な文章が、どうしてこれほど長く名文であり続けられるのだろう。小林が『美を求める心』で説くように、あるがままにものを見ることは存外むずかしく、志賀がきちんとものを見ることができたのは稀有《けう》なことだったのだ。いくつか作品を読み直した今、あらためてそういう思いを深くする。

『剃刀《かみそり》』では、刃のひっかかった小さな傷を「薄く削《そ》がれた跡は最初乳白色をして居たが、ジッと淡い紅がにじむと、見る見る血が盛り上って来た」と書き、「血が黒ずんで球形に盛り上って来た。それが頂点に達した時に球は崩れてスイと一ト筋に流れた」と、その変化をつぶさに追う。

『自転車』では、自転車で四歳ぐらいの子供をはねたシーンを、「前輪で男の児を仰向様《あおむけざま》に突き倒した」と概括した後、「裾が下腹までまくれ、小さなチンポコが露《あら》われると、子供は泣きもせずに噴水のように一尺程の高さに小便をした」と描写する。この初出の原稿の「小さな」の次に「尖《とが》った」と加筆するさまは、すさまじいほどの執念だ。事実が過不足なく描かれており、あたかもこの作家の覚悟を見る思いがする。

『リズム』と題する随筆の冒頭に、志賀は「優れた人間の仕事」にふれると何かが響いてくる感じがして、思わず「精神がひきしまる」と書いている。「いい言葉でも、いい絵でも、いい小説でも本当にいいものは必ずそういう作用を人に起す」のだと述べ、この作家はそれを「リズム」ということばで説明し、「作者の仕事をしている時の精神のリズムの強弱――問題はそれだけだ」と述べている。

「時々窓をあけて見る。雪は止んだ。星が出ている。ランプの光で見ると、前の梅の枝に積った雪が非常に美しかった」という、一見何でもないような『雪の日』の末尾の流れなど、まさに見たものを見たというだけの率直な文章ながら、奥を流れるまるで感電しそうな高圧のリズムが脈打って、この作家の張りつめた文体を響かせているように思われる。

8　表現の〈間〉の成熟

認識上の〈間〉

太宰治は『女の決闘』で、「愛もない、歓びもない、ただしらじらしく、興ざめるばかりだ」とか、「もう止そう。まんまと私は、失敗した。女の実体は、小説にならぬ。書いては、いけないものなのだ」とか、「女は、みんな、――いや、言うまい」とかというように、ひとこと、ひとこと、喘《あえ》ぐように、つぶやいてみせた。

一方、佐藤春夫の『妄談銀座』では「東京市中のとだけで町の名前などは別に云う程の必要もないが」と始まり、途中、「もう年賀の酔漢の影も絶えて山に沿うた片側は神社だの寺院だのというひっそりかんとしたものつづきその向側はまたお邸とまではいかないがささやかな冠木門《かぶきもん》に古風な竹垣やら生垣などのつづく落着いた構えばかり」というふうに読点一つ打たずにべったりと続く箇所を連ねながら、「芸術家よろしくという姿の若い男」として句点の来るまで実に六三〇字にも及ぶ長大な一文が展開する。中村真一郎が「冗舌体というより、一種の冗談」と評した書き出しだ。

正反対に見えるこの違いは、多分、両文章の表現対象そのものの違いを反映しているわけではない。表現上の切れ目は対象自体の在りようとは別に、それを表現する人間の認識のレベルで切れるか否かにかかっているのだろう。

円地文子『妖』の「梅雨時のしんめり冷やかな午後であった。千賀子はその日も坂に出て、人気の絶えた往来の静かさに浸っていた」と始まる一節で、論理的には、「冷やかな午後、千賀子は」と書くこともできただろう。おそらく、この作家はそういう認識をせず、文体意識がそういう表現を選ばなかったのだろう。

そのあと一文を隔てて、「薄鈍《うすに》びて空に群立つ雲の層が増して、やがて又小絶《おだ》えている雨が降りはじめるのであろう。千賀子はこの季節の白い光線を滲《にじ》ませて降る雨が好きなのである」と続く。この流れにおける「……降りはじめるのであろう」という文から、「千賀子はこの季節の……」という文へと移る、その文間の〈間〉に注目しておきたい。文が切れるような、切れないような微妙な切れ続きが、伝統的な流麗調の抒情《じょじょう》的空間を漂わせ、心理的なリズム感をかきたてているように思われる。

文章の呼吸

表現の〈間〉というものは、いったいどのようにして生ずるのだろう。音声言語の場合は、ポーズと呼ばれる無音の時間によって、その存在が感覚的にもかなり客観的に認識できる。文字言語としての文章の場合は、〈間〉の存在そのものがとらえにくい場合も多い。しかし、視覚的にとらえきれなくても、その働きを感じとることはできる。俳句などでは一つの文学的衝動によって表出が完成することもあろうが、文章と呼ばれる長さになると、何らかのレベルでの自己完結性をもったいくつかの表現行動の連鎖から成るため、言語的な統合体の内部に、そういう接ぎ目とも言うべきなにがしかの間隙が本質的に含まれているはずだ。いわば、息つぎに相当する存在として、生理的に義務づけられる空白部である。

そういう創作過程における〈間〉を、ことばで埋めることもあるが、むしろ積極的に活用しようする試みもある。日本人の美意識として、時にはそれを言語の力で拡大し、あるいは意図的につくりだしてきたような伝統があったように思う。文学作品における〈間〉を、いわば創造的な無の活用と考え、その空白を有効に働かせる言語操作を生み出した。

表現の穴あけ

里見弴の『桐畑《きりはた》』は「……だが、……じゃア、これでさようならだ。道子さんもご機嫌よう。もう一生お目にはかかりません。……俺はやはり、日本にいない方がいいんだ……」という会話の後、「最後の一言を呟《つぶや》くように云って、岩本は、拳銃をからりとそこに投げ捨てると、桐の木《この》下闇《したやみ》へ、大股に、しっかりと……。」という地の文を残して消えてゆく。

訪問時に鎌倉の自宅で、「僕が小説書いてる時、脇から見て噴き出す人がよくあったがね、みんな口の中で言ってるんだ」と、みずから語ったように、「口の中で言ってみるくらいのことはしょっちゅうやってた」らしい。「声には出さない。口だけ動いてるわけだ」と当人が言うとおりだとすると、読者の唇にも心地よく響くのは当然の結果だろう。

確実に空白部分を呼びこむ「……」というリーダーの記号が、語り手の息づかいを感じさせ、呼気も吸気も聞こえそうな臨場感をかきたてる。『桐畑』のこの例でも、文を包むようなリーダーの絶妙の配置が、息づまる沈黙の時間を的確に写しだすとともに、一つの長編の末尾に抒情的な〈間〉を投げこんだように思われる。

主体化された〈間〉

その一月ほど前に、同じ鎌倉の永井龍男邸で、この作家は、そんな里見の文章を「物語調と言うのか、読んで聞かせる文章」で、読者も「読んで聞かせるように読んでくれなきゃ、里見さん、気に入らないでしょうね」と評した。その関連で話が久保田万太郎に及ぶと、『末枯《うらがれ》』など初期の作品は抑えに抑えた文章でよかったが、「世に容《い》れられてくるにしたがって文章がにぎやかになって」きて、「調子をつけた文章になってき」たと言い、「僕らが遊びに行くと、「ま、あんた、聞いてくださいよ、三枚できたから」、と言って原稿を読んで聞かせるのがとても好き」だったと続けた。

たしかに、『雨空』では「俺は姉さんが好きだった。……約束もした。……だが、そんな……」とか、「……だけど、駄目だ。断念《あきら》められねえ。ただ、お末ちゃん、お前が、……お前が優しく」といった指物職人のせりふが出る。『末枯』でも、「……日本橋から深川、深川から浅草」と流れる語りが、「という（ふうに）」ということばさえも惜しみ、そこに論理上の小さな空白を置き去りにして、なぜいきなり「十年あまりの間」と跳んでしまうのか。「……鈴むらさんも、鈴むらさんの御新造さんも……」と起こした文の先端を、どうして「ことに御新造は」とひねるのか。そう考えていると、鈴むらさんという三人称で導入される視点人物の感受性が、叙述の前提となってこのあたり一帯を支配していることに気づく。鈴むらさんの感傷がじかに伝わってくる思いがするのは、そこに断続するリーダーを、読者が、鈴むらさんの思い入れとして読み込むからである。

修辞的な〈間〉

本家の里見弴の小説には、こういう〈間〉もある。『縁談窶《やつれ》』にこんなやりとりが出てくる。

「お前さん、それをすっかり聞いてたのかい」

「ええ、聞いてたわ。だって、お茶の間にいたんですもの、いやでも聞えて来るじゃないの」

「え？」

「いやはや、押しの利かねえことおびただしいもんだね」

「いいえさ、子供というやつア、うっかり油断がならないってことさ」

「でも、御幸福だわね」

「え？　誰が？」

「小父さんだって、あの方だって」

「御幸福は恐れ入ったな。然《しか》し、男と女が一緒に住んでれア、それで御幸福と思えるくらいが花かもしれない知れないよ」

「あらいやだ！　そういうわけじゃアないけど……」

「いいよ。わかってるよ」

小父さんは女の子を相手にいい調子でまだしゃべりつづけるが、きりがないからこのへんでやめよう。こうして会話の部分のみを引用して並べてみると、論理的には隙間だらけで展開していることがよくわかる。〈間〉を感じさせるのは、目に見える空白部だけではない。なぜ「押しの利かねえ」と跳ぶのか。どう「油断がならない」のか。どうして、いきなり「御幸福」となるのか。なぜ「恐れ入る」のか。何が「あらいやだ」なのか。何を「わかってる」と応じたのか。そんな論理的な空白をいくつも抱えながら、話は何となくつながってひらひら流れてゆく。いわば縁で結ばれているような細い頼りない筋である。

心地よいささやかな〈間〉を隔てて、二人のことばが不即不離の関係で飛び交う。べったりとせず、そういう隙間だらけのスマートなやりとりが、読者にしゃれた会話と映る。うっとうしさを吹き払う、即《つ》かず離れずの附け味――この作家に、意のままに表現の〈間〉をあやつる、こういういわば連句じみた展開の呼吸を学びたい。

〈間〉の成熟

永井龍男の初期作品『絵本』は、「山の手の森の中の家に灯《あかり》がつく」という短い一文で改行し、「駅の中は夕刊のにおいがする。車掌の手袋は汚れている。停車場は顔を持っている」と続く。インタビューしたあの日、ほとんど点描に近いこういう前衛的な手法をシンボリズムとして話題に出すと、『絵本』は「新感覚派の機運に乗って、新しい文章を書いてやろうと、止《よ》しゃいいのに若気の至りで、ああいう形のものを書いた」と、この作家は当時の心境を語った。

同じ人間が二一年後には、こんな文章を書いている。林芙美子の急死で朝日新聞に連載中の『めし』が中断、永井がわずか三日の構想で連載を始めた『風ふたたび』の冒頭だ。

つぎはぎだらけの、職業安定所の上にも、ひさしぶりの青空が見える。夜中の豪雨が、重苦しい梅雨空を、どうやら切り放したらしい。

代々木へ向けて、渋谷駅を出た山手線の電車が、この辺でスピードを増し、車体をかしげながら、ゆるい上りこうばいを走り去る。

線路の土手にそって、はちまきをした半裸の若者が、一球一球、むきに力をこめた、キャッチボールをしている。もうひるに近い閑《ひま》な時刻だ。

執筆年齢の差が次第に表現の気負いを拭い去り、文章の鼓動を沈潜させてきたことは歴然としている。これもまたある種の点描とも言えるタッチだが、文と文との間合いはすっかり圭角《けいかく》がとれた感じがする。単なる接続詞の強引な削除によってではなく、文間の隙間から詩情をにじませる、絶妙の切れ続きである。

さわやかな文学空間を実現するのは、単なる表現レベルでのことばの省略ではないことを痛感させる。認識のレベルで抑制が利き、言語化すべき表現対象を適正に切りとれる域に達したとき、そのすっきりとした文章からおのずとにじみ出す爽涼の気、表現における創造的な〈間〉とは、そういうひとつのけはいなのではなかろうか。

Ⅲ　表現のしかけ

1　省く

接続詞の有無

坂口安吾は『桜の森の満開の下』で、こんな展開をする。山賊が女を背負って満開の桜の下に一歩踏み込んだ瞬間、女の手が冷たくなったように感じて振り向くと、女は鬼に変身している。あわてて背中から振り落とそうとするが、振り落とされまいと首にしがみつく女の手に力がこもり、男は目が見えなくなりかけて、無我夢中で相手の首を絞める。ふと気がついて見ると、そこには、ともに暮らして来た女の死体がころがっている。心やさしい山賊はそれに気づき、すっかり取り乱す。そのあわてぶりを作者は「彼は女をゆさぶりました。呼びました。抱きました。徒労でした。彼はワッと泣きふしました」と書いた。

極度の短文を五つ、その間に一つの接続詞もなしにばらまいたのはなぜか。男の一連の行動を、意味をもった流れとしてとらえず、一挙手一投足を別々に、刻々の動きを追う形で描いているのは、今その現場にいる渦中の人物が、自分の次々の行動を意味のある連続としてとらえきれず、発作的に反射的な動きをくり返すだけだと考えているからである。

文間に一つの接続詞も介在しないのも、同じ理由だろう。接続詞は先行文と後続文との論理関係を示すとされるが、その間に本来存在する関係ではなく、表現する人間が主観的に解釈した論理である。冷静に観察する立場から「彼は女をゆさぶりました。そして、呼びました。それから、抱きました。しかし、徒労でした。それで、ワッと泣きふしました」と書くこともできたはずだ。作者がそこに一つの接続詞も介在させなかったのは、取り乱して右往左往する渦中の男に、自分の行為と行為との因果関係を顧慮する余裕などあるはずはなく、それらの行為が線としてつながらないと判断したからだろう。

五連続の短文は、「彼は女をゆさぶって、呼んだり抱いたりしましたが、徒労だったので、ワッと泣きふしました」と一つの文にしても、さほど長い文にはならない。しかし、こんなふうに「て」「たり」「が」「ので」という助詞でつなぐことのできるのは、一連の行為の関係がわかるからであり、接続詞で関係づけるのと同様、当事者の感覚からずれてしまう。

つまり、短文をばらばらに放り出したこの作者は、そうすることでこの場面をその男の内側から共感的に描いてみせたのだ。その意味で心理描写の役をも果たしている。

省略で文学空間が広がる

小田原下曽我の自宅を訪問した際、尾崎一雄は「今の若い作家」は「読者が想像力を働かす余地を与えない」と嘆き、自分は「十のものを六、七ぐらい言っといて、あとの三、四は読者の想像力で補ってもらう、読者の想像力に期待する、そういうやり方」で作品を書いてきたと語り、「余白の意味を重要視する」のだと力をこめた。

病気で寝ている作者が、その姿勢のままで観察できる虫の生態をとおして、悠久の時間の一瞬を通りすぎる生きものの感懐を綴《つづ》った思索の小説『虫のいろいろ』のフィナーレで、そのあたりの呼吸を具体的に探ってみたい。

ある日、なにげなく眉を上げると、額でなにやら騒ぎが起こる。額のしわで蠅《はえ》が脚をはさまれてしまったのだ。家族を呼び、真っ先に駆けつけて驚く長男に、「君なんかに出来るものか」と自慢げにつぶやく場面だ。長男は自分にもできるかと額をなでてみるが、若くつややかな肌に人生の年輪など刻まれていない。それにひきかえ「私の額のしわは、もう深い」と書いて、大きな息を吐いたかもしれない。その気持ちに追い討ちをかけるように、「そして、額ばかりではない」と続ける。次に何が来るかと読者は息を止める。だが、そこに空隙を残して、作者は次の場面へと転換する。意味の空隙に取り残された読者は、あれこれ想像する。「顔じゅう」と続けるつもりだったのか、「全身しわだらけ」と書こうとしたのか、あるいは「気持ちのしわも」と展開するはずだったのだろうかと、思いを馳《は》せるかもしれない。

ひょっとすると額にとまった蠅のように偶然だったかもしれない、作者の文体感覚が選んだこの空隙が、こうして思いがけない波紋を投げ、読みの深まりとともに、作品は次第に思わぬ文学的な空間を広げてゆく。

2 くり返す

自然をなぞる反復

夏目漱石の『草枕』に椿《つばき》の散る場面が出てくる。「黒ずんだ、毒気のある、恐ろし味を帯びた調子」の「異様な赤である」とあり、「見ていると、ぽたり赤い奴《やつ》が水の上に落ちた」と始まる。「静かな春に動いたものは只此《ただこの》一輪である」という説明をはさんで、「しばらくすると又ぽたり落ちた」と続き、解説や感想が入って「又ぽたりと落ちる」と続く。

「池の水が赤くなるだろう」とか、「年々落ち尽くす幾万輪の椿は、水につかって、色が溶け出して」とかという想像の流れを縫うように、「また落ちた」「また落ちる」と、思い思いの間隔を置いて椿は散り続ける。「落ちる」という動詞の不規則な反復が、思索する人の前で自然に散る椿の姿をあたかも模写するかのように錯覚するほど、絶妙のタイミングで、その短い一文が、読者の目の前に散りかかる。

そうして、「又一つ大きいのが血を塗った、人魂《ひとだま》の様に落ちる。又落ちる。ぽたりぽたりと落ちる。際限なく落ちる」という一場の華やかなフィナーレを迎えるのである。

息苦しいまでの反復

期せずして、これもまた椿の落ちるシーンである。里見弴《とん》のずばり『椿』と題する、これも一編のフィナーレだ。「三十を越して独身の女」が「臥《ね》ながら講談雑誌を読んで」いる。並べて敷いた寝床に「姪《めい》にあたる二十歳《はたち》の娘」が寝息もたてずに眠っている。と、近くでパサッという音がして、目を覚ましたその娘が不安そうに若い叔母の顔を見るが、何の音か知れず、二人とも何だか気味が悪い。

しばらくして、それが床の間の椿の花が散り落ちた音と判明する。怖いと思って見ると、「真っ赤な大輪の椿」は「血がたれてるよう」に見えるし、屏風絵《びょうぶえ》の元禄美人も、「電燈の蔽《おお》いの紅が滲《にじ》んで、藤紫の隈《くま》」をつくり、まるで「死相を現わしている」ように不気味だったが、椿の散り落ちた音と判明してほっとした叔母は、蒲団《ふとん》をかぶって笑いをこらえる息苦しい何分間かのあと、ついに噴き出してしまう。そんな場面だ。

「肩から腰にかけて大波を揺らせながら、目をつぶって、大笑いに笑いぬく。最初は面食らっていた姪にもその可笑《おか》しさが伝わり、「これも、ひとたまりもなく笑いだした」。

作者はそのあと、「笑う、笑う、なんにも言わずに、ただもうくッくと笑い転げる……。それがしんかんと寝静った真夜中だけに、——従って大声がたてられないだけに、なおのこと可笑しかった。可笑しくって、可笑しくって、思えば思えば可笑しくって、どうにもならなく可笑しかった……」と、これでもかとばかり反復をくりひろげて一編を結ぶ。こうして、作品は残響とともに幕を閉じることとなる。

言語表現の運ぶ情報量といった無味乾燥の観点に立てば、要するに「たいへん可笑しかったので大いに笑った」ということに尽きる。この小説をもしもそんなふうに概括して結んでいたら、女の息づかいが読者の耳に直接届くような絶妙な語り口は跡形もなく消え去り、文芸的な意味を失って、文学史に残ることはなかっただろう。

文学作品が読む者に訴えるのは、論理的情報というような痩せ細った概念ではない。息苦しいまでの反復リズムを実現した表現の在り方が、そのまま肉体的な反復現象である〈笑い〉そのものの質感を模写したかのように、その場の雰囲気が、ほとんど生理的と言っていいほど、読者に波のように押し寄せるのである。

3　喩《たと》える

比喩は見方の開拓

堀辰雄は『旅の絵』の中で「象の皮膚はなんだか横文字の新聞紙を丸めたのをもう一度引き伸ばして貼りつけたように、皺《しわ》だらけで、くしゃくしゃになっている」と書いている。このあたりの例なら誰でも比喩だとすぐわかる。象が横文字を読むかどうかに関係なく、皮膚の皺が新聞紙でないという明白な事実から、この作家の修辞意識が伝わるからだ。

ところが、横光利一の『春は馬車に乗って』に出る「早春が匂いやかに訪れて来た」、福永武彦の『風花』に出る「白い雪片が舞い降りて来る」、幸田文の『余白』に出る「鏡の余白は憎いほど秋の水色に澄んでいる」、あるいは藤沢周平『おぼろ月』の「胸の中にほんの少し不逞《ふてい》な気分が入りこんで来た」などの例では、どれも典型的な比喩ではないが、どこかしら比喩的な感じが漂っていて、もはや比喩性の度合いの問題となってくる。

比喩は、あるものをそれに似た他のものに喩え、そのイメージを借りて間接的に伝える表現とされてきた。だが、あれはほんとに似たものだったのだろうか。小林秀雄は『ゴッホの手紙』で、「パリの老いぼれた馬車馬が、悲嘆に暮れたクリスチャンのような、大きな美しい眼をよくしている」と書いた。馬車馬とクリスチャンの眼がもともと似ていたとは信じがたい。ゴッホが似ていると思い、小林がそう書いたから、読者もそんなふうに考えるようになる。つまり、表現する瞬間に、両者は思いがけず似始めるのではないか。

川端康成は『雪国』で、萱《かや》の白い花を眺めては「山に降りそそぐ秋の日光そのもののよう」と感じ、「萱の穂が一面に咲き揃《そろ》って、眩《まぶ》しい銀色に揺れていた」と書いては、「秋空を飛んでいる透明な儚《はかな》さのようであった」と心をひかれる。萱の花はもともと「日光」と似ていたわけではないし、まして「儚さ」などというものと似ているはずはない。あらかじめ存在していた類似という事実に気がついたというより、作者が類似を発見したのであり、それは表現する人間によって創造された類縁関係であると考えるのが自然だろう。

陳腐な比喩は別にして、少なくとも創造的な比喩と呼ばれる表現は、発見的認識を運ぶ、新しいものの見方の開拓であると言うことができる。

赤ん坊の皮膚

山本有三の『波』に、赤ん坊がふんぞり返るようすを「火にあぶったスルメ」に喩える例が登場する。むろん、誇張はあるが、するめを焼いた経験のある読者には、そのようすが目に見えるようで、読んでいて楽しい。

井上ひさしの『吉里吉里人《きりきりじん》』には「チューインガムのような男」という例が出てくる。するめなら、嚙《か》めば嚙むほど味が出るはずだが、これはその逆で、「つきあえばつきあうほど味がなくなる」という意味らしい。読者の感覚がらみの認識を刺激して笑いを誘う。

森田たまの『もめん随筆』に「女に好かれる男」を取り上げた箇所がある。そういう男たちの共通点は、「いつも心の奥に赤ん坊の皮膚のような柔らかいいたいたしいところを持ってい」ることだという。母性本能をくすぐる男の弱さ、危うさを「赤ん坊の皮膚」のイメージでとらえた例で、今でも新鮮な感じがする。単に「柔らかい」だけでなく、作者はそこに「いたいたしい」という形容詞を添えている。黙ってほっておけず、ぜひとも手を差し伸べていたわってやりたい、きっと女性をそんな気持ちに駆り立てるのだろう。見て見ぬふりができない、そんな男の危なっかしい生き方を、読者に感覚的に伝える例である。

忘れられた毛糸

イメージを誇張してユーモラスな味を添える比喩もある。川端康成が初期作品『春景色』で、「小猿」の印象を「梅干婆さん」という人間のイメージでとらえた表現はそういう一例だろう。その猿は、猿らしくなく「おとなしくきょとんとしている」というのである。

食糧難だった昔の猫はよく鼠《ねずみ》を捕ったようだ。捕るほうが猫で、捕られるほうが鼠なのだが、開高健の『パニック』には、「猫のような鼠」という意表をつく比喩が飛び出す。「料飲街の壁裏に住む特有の種族」らしい。食べ残しの残骸をあさってそういう巨大な体型になったのだろう。誇張にはちがいないが、何となくイメージがわいて納得できる。

今度はほんものの猫。松谷みよ子は『黒ねこ四代』にこういうイメージで描いた。「赤ちゃんねこ」は、「まるくなって眠ってい」るところを「わすれられたひとかたまりの毛糸」に喩えられるのだ。この比喩は、まるく、ふわっとしたものが、ぽつんとある、そんな感じを巧みにとらえているように思う。

猫は音もなく歩く。その感じをこの童話作家はこう描く。『ジャムねこさん』という作品で、猫のそういう「小さな足音」を「けしゴムみたい」と表現する。猫が消しゴムとよく似た音を発するというよりも、やわらかく弾力のある猫の歩き方が、そういう比喩を通じて何となく感覚的に伝わってくるような気がするのである。

泣きべそ

小沼丹は『枯葉』の中で「狭い庭に雑然と植わっている木は茂り放題に茂って」と書いた後、それを「長いこと床屋に行かない頭」に喩えている。どちらも手入れをするのに鋏《はさみ》を使うという共通点もあり、この比喩は的確でわかりやすい。また、『胡桃《くるみ》』では、「胡桃の新芽」のひきしまった美しさを、「かっちりした精巧な銅版画を見るような気分がする」と、植物の感じを銅版画に喩えてみせた。

この作家は『煙』という小説で、こう書いている。白楽天の『長恨歌《ちょうごんか》』中の「梨花一枝春雨《りかいっしはるのあめ》ヲ帯ブ」という一節にひかれて、庭に梨の木を植えた。ある日、ちょうど「雨が降ったから、楊《よう》貴妃《きひ》を想い出して庭の梨の花を見たら」、まだ木が小さくてそんな風情はまるで汲《く》みとれない。並みの人間ならそれだけの記述で済ませるところだが、この作者はその後に「僅《わず》かばかりの花がしょんぼり雨に濡《ぬ》れていた」と、いくぶん感情を移入して書き添え、今度は明らかに擬人化して「何だか泣きべそをかいているよう」だと続けたくなる。そうして、さらに「幾ら想像力を働かせてみても、涙を含む幽艶なる美女の風情なぞ求むべくもなかった」とまで書き加えずにはいられない。

現実の庭の花には美女の風情を偲《しの》ばせる趣などまるでないが、「しょんぼり」と形容し、「泣きべそをかいているよう」と比喩的にとらえて表現することで、作品世界に詩的なネットワークが張りめぐらされる。こういうユーモラスな想像力を働かせる筆致が、しょぼくれた梨の花と心の通う、しっとりとした読後感を生み落とすように思われる。

女の踵《かかと》

永井荷風は『すみだ川』で、大きな着物を着た人を見たときのイメージを、「夜具をかついだよう」だと大仰に喩えてみせた。印象を誇張しているにはちがいないが、どんなことばで細かく説明するより、読者にはそのイメージが目に見える感じで伝わる気がする。

室生犀星は『性に眼覚める頃』で、女物の履き物をこんなふうに描いた。「日ぐれどきの玄関のうす明り」の中に「紅い鼻緒の立った籐表《とうおもて》の女下駄」がぼんやりと見える場面だ。犀星はそれを「ほんのりと口紅のように浮んでいる」と描写する。薄暗い空気の底に、なにか赤っぽいものが、視覚の片隅にほのかに映る感じを、かすかな性のにおいともども象徴的に描きだしたように思われる。

履き物を人間のイメージでとらえた印象的な例をもう一つ。今度は雪駄《せった》である。「まるでそれは一つの肉体のような重さ」と、犀星はまず女物のその履き物を、それを履く主体そのもののイメージで受けとめ、「あやしい女の踵《かかと》の膏《あぶら》じみた匂い」を「漂わした」と、いかにも肉感的な描写に仕立て上げた。踵の匂いという嗅覚的な迫り方だが、それは現実の感覚ではなく、その雪駄を視覚的にとらえた人間が想像してみた匂いなのだろう。「膏じみた」というのも、色の変化として現実に確認した事実とは別に、それを履く女性の肉体を想像し、その存在自体を感覚的にとらえようとした妄想の産物であったような気がする。いずれにせよ書き手の神経が描き出す、まさに妖しい表現のように読者は受けとめることだろう。

4 もたせる

脳の襞《ひだ》

山口瞳の『吉野秀雄先生』に、戦後間もなくの文化教室の風景が描かれている。容貌魁偉《かいい》の歌人吉野秀雄が、「脳の襞次第に伸びゆく心地すと友の言ふ煙草吾《たばこあ》が止《や》めんとぞ思ふ」という一首を板書して、花鳥風月の世界とは縁遠いこの破天荒の作品を呆《あき》れたように紹介し、教室は爆笑の渦に巻き込まれる。その時、「一人だけ笑わぬ者がいた」と書いて、読者にいったいどんな人だろうと興味を持たせる。そして、素知らぬ顔でその人物を「真っ赤になって額を垂れ、動悸《どうき》のやまぬ者」とおもむろに描写してみせる。

そこまで引っぱってから、「それが私だった」と種明かしをする。もしも最初から自分の歌だと書いていれば、どんな人物かと読者があれこれ想像する時間は生じなかった。まるでひとごとのように描写する間のサスペンスは、その情報をしばらく伏せて、読者の興味をそこまでつなぎとめることによって実現したのである。

思いつめた目をした中年男

肝腎の情報をしばらく伏せておいて、相手の興味をつなぎとめる段階を超えて、意図的に誤った思い込みに誘う試みもあるから、読者としては油断がならない。井上ひさしの、その名も『犯罪調書』という作品から、手の込んだ例を紹介しよう。

「白い下半身を剝《む》き出しにした娘が横たわっている。麻酔薬を嗅がせられているらしく身動きひとつしない」と、問題の場面は始まる。「高く盛り上がった胸」が「規則正しくゆっくりとせり上り沈み込む」と、その女の呼吸を伝えた後、「と、思いつめた目をした中年男が冷たく光る鋭利な刃物を握りしめ、娘の下腹部へ顔を近づけて行き、ぐさりとその刃物を突き立てた」と展開する。『犯罪調書』というタイトルのこともあり、読者はすぐ殺人事件を連想する。

ところが、「殺人か。そうではない、帝王切開がこれから始まるのである」と続くのだ。つまり、出産の場面なのだが、それを殺人と思わせるように情報を巧みに操作する手口を暴いてみよう。まず、「白い下半身を剝き出しに」とあるが、手術の場面では「白い」という形容は不要だし、「剝き出し」も当然だからいちいち断らない。的確な表現を意図的に避けて、紛らわしい言い方にすりかえている箇所もある。「妊婦」という語を外し、「女」とさえ書かず、出産とは縁遠い「娘」という語を選んだのは、引っかけに近い。「麻酔をかけて」とせず、「麻酔薬を嗅がせられ」と受身で表現したのも、被害者と思わせる狙いだろう。手術の担当医を「真剣な表情」とせず「思いつめた目をした」と表現したあたりは、不正確というより嘘に近いような気がする。「中年の男性」とさえ書かず、ことさら厭《いや》らしい語感のしみついた「中年男」ということばに外したのも効果的だったろう。ずばり「メス」と特定せず、その上位概念をなす「刃物」という語でぼかしたことにも作意を感じる。そもそも手術場面なら「握りしめ」とも「ぐさりと」とも表現しないはずである。

こういう手の込んだお膳立てで読者を煽《あお》り、「刃物を突き立てた」の箇所まで、殺人現場と思うよう念入りに誘導していることがわかる。その思い込みが確実になるタイミングを待って、実は出産の場面であることを明かすのだ。あざやかに読者の予測を外し、手玉に取るような、みごとなる展開だ。

5　盛り上げる

わかれ

「這《は》えば立て　立てば歩め　の親心」という川柳は、わが子の成長を願う気持ちが、「這う」「立つ」「歩む」の三段階の期待として、三つの動詞が象徴的役割を果たしている。

井上ひさしの戯曲『小林一茶』にこんな盛り上がりの展開が見られる。まず、「この意味《こころ》がわかるかい」という疑問から始まり、「わかるだろう」と推量交じりの問いかけに進み、次に「わかるべきだ」という義務へと強まり、「わからなければおよねさんは人間《ひと》じゃない」とまで言い切り、その単なる人間以外から、次に「鬼か蛇《じゃ》だ」と極論して、最後に「わかれ」と命令する流れだ。こうすることで、次第に迫力を増す漸層《ぜんそう》的な盛り上がりを実現して、文意も迫りあがる。

轟きわたる

石川淳の『紫苑《しおん》物語』の末尾に、声が次第に大きく波紋のように広がってゆくようすを、雄大なスケールで盛り上げる圧倒的な調子が現れ、フィナーレを彩るさまを鑑賞しよう。それは、まず、「月あきらかな夜、空には光がみち、谷は闇にとざされるころ、その境の崖のはなに、声がきこえた」と、サスペンスを含んで始まる。そうして、「なにをいうとも知れず、はじめはかすかな声であったが、木魂《こだま》がそれに応え、あちこちに呼びかわすにつれて、声は大きく、はてしなくひろがって行き、谷に鳴り、崖に鳴り、いただきにひびき、ごうごうと宙にとどろき、岩山を越えてかなたの里にまでとどろきわたった」という長大な一文へと、吸い込まれるように流れ込む一節である。

小さな音が次第に大きくなって遠くまで広がってゆくようすが、読者の耳に感覚的に伝わってくるだろう。「かすかな声」から「声は大きく」と転じ、さらに「はてしなく」とつながる流れがあり、それと並行して、「声がきこえた」と始まり、「あちこちに呼びかわす」と進み、そして「ひろがって行き」と続く流れも、そういう効果を側面から支えている。

それ以上に決定的な演出は、「谷」から「崖」へ、そして「いただき」へ、さらに「岩山を越えて」、「かなたの里にまで」と展開して具体的なイメージをくりひろげるにつれて、動詞が「鳴る」の連続から「ひびく」へと転じ、そして「とどろく」へと強まり、さらに「とどろきわたる」へと拡大してゆく動詞の排列の妙だろう。そういう文章構造によって、漸層的に迫りあがる表現効果を高め、フィナーレに華やかな彩りを添えたように思われる。

6　並べ立てる

隙間なく

夏目漱石の『坊っちゃん』に、主人公の坊っちゃんが「ハイカラ野郎の、ペテン師の、イカサマ師の、猫被《かぶ》りの、香具師《やし》の、モモンガーの、岡っ引きの……」とまくしたてて、教頭の赤シャツの悪口を言う場面がある。ことばを次から次へと繰り出すことで勢いが増す。

野坂昭如の『火垂《ほた》るの墓』にこんな極端な列挙の例がある。「蒸し芋芋の子団子握り飯大福焼飯ぜんざい饅頭《まんじゅう》うどん天どんライスカレーから、ケーキ米麦砂糖てんぷら牛肉ミルク缶詰魚焼酎ウイスキー梨夏みかん、ゴム長自転車チューブマッチ煙草地下足袋おしめカバー軍隊毛布軍靴軍服半長靴……」という調子で、間の読点さえ極度に節約しながら、延々と続くのだ。

やたらに並んでいるように見えるが、「団子毛布夏みかんうどんマッチ大福おしめカバー焼酎軍靴てんぷらゴム長……」などという恐ろしい乱雑さで並んでいるわけではない。じっと眺めていると、僅《わず》かな読点による部分的な区分けも、乱雑な散らばり具合も、何だかそういう現実の模写のように見えて、品物がそんなふうに所狭しと並んでいるようにも読めるのだ。たとえば、「ケーキ」から「夏みかん」まで読点もなしに、べた書きすることで、それらが隙間もなく並んでいるようすが感覚的にも伝わってくるし、同じく「握り飯」から「ライスカレー」までの一群も、そういう品がほとんど接触し合いながらぎっしりと並んでいる感じが目に浮かぶような気がしてくるのである。

さらには、「夏みかん」と「ゴム長」との間に珍しく打ってある読点が、その二つの品物の間のわずかな隙間を暗示しているように読めるし、「から」という格助詞によって、そこまでの物資が身近に置かれているように読者は解釈するかもしれない。

いずれにしろ、「雑多な物が隙間なく並んでいる」といった概念的な記述に比べ、いかにも物資がごたごたと重なり合っている風景を連想させ、その場の猥雑《わいざつ》な雰囲気をなまなましく伝える表現効果が認められるだろう。

ことばの洪水

小田実《まこと》の『何でも見てやろう』にも、これでもか、これでもかと、立て続けにことばを並べ立てることにより、表現過剰の爆発的エネルギーを実現する箇所が現れる。

ばかでかい理性、情熱、洞察力、想像力、空想力、ばかでかい好奇心、もの好き、陽気さ、のんきさ、あるいは途方もない怒り、悲しみ、笑い、あるいはまた野放図な食欲、咀《そ》嚼《しゃく》力、消化力——そういったものの根底には、おそらく、ばかでかい人間エネルギーが存在し爆発しつづけているのであろう。

まさに、ことばの洪水だが、この過剰なことばは、ただ単に大量の単語をずらずら並べただけでなく、ひとつの構造を持っている。「ばかでかい」という形容詞が二つ続いた後、「あるいは」として類義の「途方もない」が現れ、さらに、「あるいはまた」としてやはり類義の「野放図な」という形容動詞がその後を受け、ダッシュで区切って「そういったもの」と一括し、最後にもう一度「ばかでかい」をくりかえす、そんな立体的な枠組みをなす。

最初の「ばかでかい」を受ける「理性」以下五つの名詞が、二字漢語二つが先行し、二字漢語に「力」のついた三字漢語が三つ後続する。二番目の「ばかでかい」を受ける四語は、二つずつ類義的なセットになっている。次の「途方もない」を受ける三語はすべて和語で、いずれも動詞からの転成名詞となっている。「野放図な」を受ける三語は、最初と同じくどれも二字漢語か、それに「力」のついた三字漢語である。そして、「理性」から「消化力」に至る四群、計一五個の名詞に共通する、いわば母胎を、三度目の「ばかでかい」のもとに「人間エネルギー」として一括してある。

かつてのアメリカという国が確かに保有していた、当時の日本人には信じがたいまでのバイタリティー、その驚異的なエネルギーを全身に浴びた若者の感動、それを伝えるこの文章自体が読者を圧倒する勢いで迫ってくるのは、ことばが指し示す意味内容のせいばかりではない。このような言語表現そのものの圧倒的な活力によって、読者をまるごと飲み込む勢いを示すこともまた、大きな影響力を発揮しているように思われる。

7　遠まわしに

下から勘定

漱石の『坊っちゃん』から、今度は婉曲《えんきょく》な表現例を考えてみよう。物理学校に入学した坊っちゃんは「三年間まあ人並に勉強はしたが別段たちのいい方でもないから、席順はいつでも下から勘定する方が便利であった」と書いてある。いったい、坊っちゃんの成績はどの程度だったのだろうか。ここでの「席順」は教室の中の自分の席の位置ではなく、成績の順位表のことだから、成績の上位のほうから数えるよりも、下位から見て行ったほうがすぐに見つかるという意味で、三〇人の学級なら二十何位といった位置になりそうだ。この文はどちらから数えたほうが便利だという情報を伝えようとしているわけではないから、成績が芳しくなかったことを遠まわしに表現してユーモラスに仕立てたものとわかる。

あるもの

川端康成の『十六歳の日記』にこんな場面が出てくる。年老いて病気がち、もう長くはないと思われる祖父が、「津の江へ葉書出してくれたか」と孫の「私」に尋ね、「はあ、今朝出した」と答える場面だ。川端はそのやりとりのあとに、祖父は「あるもの」を「自覚せられたのではないか。虫の知らせではないか」という地の文を書き添えている。「津の江」という地名が祖父の妹の村を指すことは、数えの二十七の時にこの作品を発表するにあたって、作者自身が加筆した括弧内の註でわかる。そこで「めったに便りもしない妹に、一度来てくれという葉書を私に出させたのは、祖父が自分の死を予知したのではあるまいかと、私は恐れたのでした」と説明している。読者はそれを読むまでもなく、この時期に妹にはがきを出させることが何を意味するかは、このあたり一帯の文脈と、地の文中の「あるもの」という表現との関係で見当がつく。

遠からず間違いなくやって来る、この自分にとって最後の肉親との別離を決定づける「死」という文字を、この少年が日記の中でみずから書くことはどうしても避けたかったのだろう。そこで、漢字一字で済むところを「あるもの」とぼかし、「死」という文字がその現実とつながるのを必死で回避しようとする。それは少年の祈りのような間接表現だったかもしれない。

たしなみの間接化

藤沢周平『蟬《せみ》しぐれ』の主人公牧文四郎は、近所の娘小柳ふくと互いにひかれ合っていたが、ふくは江戸屋敷に奉公に上がり、やがて藩主の手が付いて男児を産み落とす。年月経て藩主の一周忌を迎え、それを機に仏門に入る決心を固めるが、髪を落とす前に一度会いたいと文四郎を呼び出し、今では身分の違う二人が何年ぶりかでひとときを過ごす。

骨細の手、気弱そうな微笑、か細くふるえる声、ふくよかな肉づき、細く澄んだ眼、小さな口元といった昔ながらの頼りない外見だ。が、今ではその奥に、いかに運命にもてあそばれた不幸な事情を背負うとはいえ、服喪中の側室が昔の恋人に忍び逢《あ》うという大胆な行動力をも秘めているらしい。

最後となるその得がたい短い逢瀬《おうせ》の中で、お福さまは「文四郎さんの御子が私の子で、私の子が文四郎さんの御子であるような道はなかったのでしょうか」と、目の前の文四郎に問いかける。お屋敷奉公の話さえなかったらと、昔を振り返って、つい口に出たことばなのだろう。何ともまどろかしい言いようだが、実に抑制の利いた愛の婉曲《えんきょく》表現であり、お福さまの気品を示すと同時に、作家藤沢周平のたしなみをも映し出す。その点、くどいようでも粋であり、シャイな日本語の一景であったようにも思う。

8 人めかす

中肉中背

井上ひさしの『私家版日本語文法』に「敬語はまだまだ御壮健であらせられる」というくだりが出てくる。「敬語」は言語だから、そもそも「壮健」などというものとは縁がない。おまけにそれに「御」をつけ、さらに「あらせられる」という尊敬表現を用いるなど、ことば自体をほとんど人間並みに扱ってユーモラスに表現した例である。

同じ作者の『自家製文章読本』には、日本語でローマ字書きの普及しなかった一因として、「a、i、u、e、oが、まるで申し合せでもしたように「中肉中背」である」という一節が出てくる。ここでも、文字について、「申し合せ」だとか「中肉中背」だとか、明らかに人間専用の言いまわしを用いて、人めかして表現し、笑いを誘う。

犬の聴講生

小沼丹の作品には、いわば万物と語る感じの表現が頻出する。初期の随筆『猿』では、素知らぬ顔で「役者」として登場する猿が、「妙な横目で」「ちょいと視線を外して」「この野郎とでも云うように」「知らん顔をして」「何やら憂鬱そうに空を仰いだり」する。

小説『黒と白の猫』に登場する猫も、「素知らぬ顔でお化粧に余念が無い」「その旨を猫に伝えた訳でも無いのに、猫の方は何やら心得顔に」「細君なぞ歯牙にも掛けぬ風情を示した」「礼も云わずに」「その後何の挨拶も無い」などと、人間そっくりに描かれる。

最晩年の小説『水』でも、驢馬《ろば》が「ねえ、小父《おじ》さん」と親愛の情を示しても、山羊《やぎ》は「止《よ》せよ、うるさいな」と取り合わない風情に見えると脚色する。

随筆『巣箱』など、全編がこの調子だ。二羽で来る四十雀《しじゅうから》を「どっちが亭主でどっちが細君か知らない」と紹介し、「どうだい、この家」「満更悪くないわね」と借家探しのやりとりに見立て、その巣箱に「貸家の札を貼っても、借手はないだろう」と勝手に想像し、「空家の儘《まま》で塞ったことが無い」と続ける。

随筆『庭先』には、「店子《たなこ》の蝦蟇《がま》はちゃんとその下に蹲踞《うずくま》っていて、止して下さいよ、と云う顔をした」とあるし、随筆『梅と蝦蟇』に出演する蝦蟇に至っては、「じっと坐《すわ》って、哲学者みたいな顔をして」「深刻に考え込んでいる風情」を見せたかと思うと、「かくて世は事も無し、とでも云うらしく歩いて行く」。つい哲学者が蝦蟇に似ているのかと思ってしまう。

動物だけではない。随筆『つくしんぼ』では、土筆《つくし》について「袴《はかま》を取る」「スカートを脱がせる」という言い方をするし、随筆『栴檀《せんだん》』でも、薄紫の可憐《かれん》な花に目をとめ、「色香を含んだ風情で、羞《はじ》らいがちな女性を見る気がし」て、しばらくうっとりと眺めるほどだ。

随筆『炉を塞ぐ』では、自在鉤《じざいかぎ》のようすを「無聊《ぶりょう》を託《かこ》つ風情」と見るし、随筆『珈琲挽《コーヒーひ》き』では「巴里《パリ》土産の珈琲挽は疾《と》うに草臥《くたび》れて隠居して」とまさに人間並みの待遇だ。

万物と語らう作家だからこそ、亡友玉井乾介を偲《しの》ぶ随筆『筆まめな男』の中で、サンパウロで日本語教師をしていたその男から届いたこんな便りをうれしそうに紹介するのだろう。顔なじみになった野良犬が、「学校に行くときに随《つ》いて」来て、教室の中でおとなしくしているという。手紙の主はそのことを「教室の隅っこに坐って聴講するようになった」と解し、「犬の聴講生を持った」と記したらしい。小沼丹はこういう生き方がよほど気に入ったにちがいない。読者も、何だかその犬に単位を授けたくなるような気がする。

9　おおげさに

百万巻のお経

井上ひさしは『自家製文章読本』で、漱石の『坊っちゃん』の末尾の一文「だから清の墓は小日向《こびなた》の養源寺にある」における「だから」という接続詞の働きを、「日本文学史を通して、もっとも美しくもっとも効果的な接続言」と絶讃し、もはや思考の接続という役目を超えて、「ばあやの後生をねがう坊さま」になっており、「百万巻の御経に充分拮抗《きっこう》し得ているのである」とまで、力説してみせた。

坊っちゃんが赴任先の松山から東京に戻り、その足で清の所に顔を出すと、清は、よく帰って来て下さったと、ぽたぽたと涙を落したことを記し、その清が肺炎にかかって死ぬ前日、「後生だから清が死んだら、坊っちゃんの御寺へ埋めて下さい。御墓のなかで坊っちゃんの来るのを楽しみに待って居りますと云った」とあって、それに対して「だから」と続く箇所を問題にしたのである。

この評価が誇張であったかどうかは、誰かが冥土で井上に追いついて問いかけないかぎり判断できないが、一つの接続詞と百万巻の御経とが同じ重みだとは、まさか読者は考えないだろう。

首だけが

内田百閒は『搔痒記《そうようき》』で、大学病院に行って頭の皮膚病の治療を受けた際の印象をこう述べている。「看護婦がぴかぴか光る鋏《はさみ》を持って来て、私の頭を刈りだした。非常に荒っぽく、やり方が痛烈を極め、髪の毛を切っているのだか、頭の地を剪《はさ》み取っているのだか、よく解らなかった」という。髪を切るのと頭皮を剪み取るのとでは感覚的にかなり違うはずだから、ほんとに区別がつかないはずはなく、読者は誇張だと思うだろう。

そのあと看護婦に包帯を巻いてもらって「白頭巾を被《かぶ》った様な頭」になるのだが、その巻き方があまりにきつく、「何だか首を上の方に引き上げられる様でもあり、又首だけが、ひとりでに高く登って行く様な気持もして、上ずった足取りで家に帰って来る」。こういう気持ちは感覚的に納得できるが、そんなふうにぐんぐん背が伸びることは現実にありえないから、読者はその誇張につい笑ってしまう。

すべてか無か

誇張を通り越して極言に近い例もある。小林秀雄は『モオツァルト』で、こう述べている。二十年も前の「乱脈な放浪時代」の「或る冬の夜」、「人生だとか文学だとか絶望だとか孤独だとか、そういう自分でもよく意味のわからぬやくざな言葉で頭を一杯にして」、大阪の道頓堀を「犬のようにうろついていた」とき、突然、モーツァルトの交響曲四十番、あのト単調シンフォニーの有名なテーマが、頭の中で誰かが演奏したようにはっきりと鳴ったのだという。「モオツァルトの音楽に夢中になっていたあの頃、僕には何も彼も解《わか》ってはいなかったのか。若《も》しそうでなければ、今でもまだ何一つ知らずにいるという事になる。どちらかである」と小林は往時を振り返る。

モーツァルトに関する知識が増えることと、モーツァルトの音楽がわかることとは、まったく無関係だから、何も考えていない頭の中で突然その音楽が鳴り出したあの頃に比べ、モーツァルトについて多くを知った今、その音楽に対する理解力や鑑賞力がそれだけ増したなどとは言えない。芸術はそんな生易しいものではないというのだろう。この批評家がそこに思い至った感動の深さ、その思考体験の激しさに応じて、自問自答のような表現の形で、この「何も彼も解る」と「何一つ知らない」という両極端の、いわば対極の発想が語られる。その間のニュアンスをばっさりと切り落とす小林の論調が、一刀両断の切れ味を示す好個の例と言えるだろう。読者の神経を刺激する論理上の摩擦が中毒となりそうだ。

10 逆なで

不幸な幸福

芥川龍之介の『或阿呆《あほう》の一生』の前に、服毒自殺を図る一ヶ月前に、「僕はこの原稿を発表する可否は勿論《もちろん》、発表する時期や機関も君に一任したい」として久米正雄に宛てた依頼書が付いている。

その中に、「僕は今最も不幸な幸福の中に暮している」という一文が出てきて、「しかし不思議にも後悔していない」と続く。「幸福」という名詞を、それと正反対の意味を持つ「不幸な」という形容動詞が修飾するこの刺激的な表現は、読者の思考力を逆なでする。

論理的に完璧な矛盾を抱えるこの奇異な表現も、考えようによっては、それなりに意味が通るかもしれない。芥川が『或旧友へ送る手記』に「将来に対するあるぼんやりした不安」と記した、そういう不安に包まれて死を選ぶ「不幸」、そんな中でひとしきり訪れた心の平安を味わうひときの「幸福」、そんなふうに考えてみるのだ。

音のない音

宮本百合子の『伸子』には、「悲しい歓び《よろこ》」という例が出てくる。ここでの「悲しい」という形容詞と「歓び」という名詞との関係も、意味上まったく結びつくはずのない組み合わせで、異常な修飾関係をなしている。また、江藤淳の『作家は行動する』にも、「誠実な無責任」という、互いに反発し合う異様な修飾関係が出現する。いずれも、相容《あいい》れない概念を強制的につなぐ試みによって生ずる摩擦のエネルギーで読者を刺激する例である。

尾崎一雄は『毛虫について』で、「小さな、しかし無数の口によって発せられる音のない音」

と書いてみせた。「音のない音」という表現自体が論理矛盾を抱えているが、読者にとって摩擦の刺激はあまり強くないようだ。耳に聞こえない程度の音波というものを想像できるからだろう。しかし、表現の表面上の矛盾感がそういう聴覚的な想像を喚《よ》び起こし、読者に奥深い不気味さを誘いだすように思われる。

理知的なジュリエット

井上ひさしの『青葉繁れる』に、「理知的なジュリエットなんて、炊きたての冷飯、痩せぎすの肥っちょ、見上げるような小男、前途洋々の老人、抜群の不成績、一匹狼《おおかみ》の大群、何千何万という四十七士、傾国の醜女《しこめ》、不親切な人情家みたいなものだ」という一節が出てくる。理知的な女性がジュリエットに扮するのはいかにイメージが合わないかを、ことばを尽くして力説するくだりで、矛盾のオンパレードが読者の呆《あき》れ笑いを招くこと必定だ。

読むより眺める

『私小説論』で「充分に社会化した「私」であった」と書き、『志賀直哉』と題する批評では「論理映像」と書き、『伝統と反逆』でも「抽象的描写」と書くなど、小林秀雄にも矛盾感を目立たせる刺激的表現が多い。ここではさらに摩擦の強い逆説的な表現に注目する。

『井伏君の「貸間あり」』と題する批評に、「文学を解するには、読んだだけでは駄目で、実は眺めるのが大事なのだ」という一文が現れる。「読む」という動詞は作品から的確に情報を汲《く》みとる知的な行為を連想させ、「眺める」という動詞は遠くからぼんやり見ているイメージが強いから、問題の一文では、文学に対するその二つの動詞の価値を逆転させてあり、読者に衝撃が走る。

この表現、常識とは違うが、相手は小林秀雄だから、これは何かあるなと思った読者は、どうにかして筋を通そうとする。まず、「眺める」という語の意味を考え直すかもしれない。単に情報を汲みとるだけでなく、じっくりと読み込むことだろうか。少し距離を置いて全体像をつかもうとすることだろうか。それとも、作者があえて記さなかった行間の意味を感じとることだろうか。あるいは、表現する過程の作者の心の動きを追うことだろうか。あるいはまた、情報として読みとったことを深く味わうことだろうか。…………

たっぷりと矛盾をしみこませたこの批評家の大胆な筆致に誘われて、読者はたとえばこんなふうに積極的な読みを展開するかもしれない。ひるがえって考えてみると、文学作品を対象とする深い読みは、たしかにここで推測したさまざまな要素を含んでいるような気もしてくる。それらの個々の行為ではなく、そのような行為の全体を、小林はきっと「眺める」という語で象徴させたのだと思いあたるかもしれない。あれほど刺激的だったあの表現も、その頃にはだいぶ抵抗感が薄れていることに気づくだろう。

あの日、鎌倉の小林邸のひろびろとした応接間で、まさにこの一文を例に出し、小林文学の秘密に迫るべく、ずばり「読む」と「眺める」との逆転構造について問いかけた。すると即座に、甲高い声で、世間の「常套語《じょうとうご》っていうのは必ず一面的な見方の上に立っている。一面的でわかりやすいから、頑強な固定観念となりやすい。その自覚が逆説というものになる」と解説し、「ことばを捻《ひね》る」のではなく、むしろ「真っ直ぐに見るのには努力が要るということに過ぎないのだ」と、奇を衒《てら》うとする世評を真っ向から否定した。

たしかに、摩擦をバネとして、尋常の表現では思い至らない側面を照らし出し、ものごとの真の姿へと読者をいざなうところに、逆説というものの醍醐味《だいごみ》があるのだろう。

Ⅳ　描く

1　人間

髪

川端康成『雪国』のヒロイン駒子の髪は、「毛筋が男みたいに太くて、後れ毛一つなく、なにか黒い鉱物の重ったいような光だった」とあり、「髪の黒過ぎるのが、日陰の山峡《やまかい》の侘《わび》しさのために反《かえ》ってみじめに見えた」ともあるように、背景によってはむしろマイナスイメージとして描かれる。だが、その髪が美しく光る場面の描写は印象的だ。

夜が明けかかる頃、島村の部屋から薄暗いうちに帰ろうとして、駒子は鏡に向かう。そのとき、なにげなく視線を送った島村の眼はまず、「鏡の奥に光っているのは雪である」と、鏡面に映る雪景色をとらえ、「その雪のなかに女の真赤な頬が浮んでいる」と続ける。「なんともいえぬ美しさであった」と、その瞬間の感動を率直に記す。

川端はそこで行を改め、「もう日が昇るのか、鏡の雪は冷たく燃えるような輝きを増して来た」と、今度もまず雪の色を描いてから、「それにつれて雪に浮ぶ女の髪もあざやかな紫光りの黒を強めた」と、自然を背景とした女の髪の色の微妙な変化を描く。その色の変化という感覚をとおして、まだ姿を現していない朝日の存在を読者に意識させる。夜明けの近いことを知り、別れの迫ったことを切なく思う島村の心情をも映し出す描写である。

こめかみ

嘉村儀多の『秋立つまで』に、「殺気立って蟀谷《こめかみ》にむくむくと幾筋もの青筋を這《は》わして、歯をがちがち鳴らしながら座を蹴立てて突掛るカツ子の白まなこに一滴の血のしたたりを見た気がして」というくだりが出てくる。激しい行為を描いたことも手伝って、白目に血の滴りが見えた気がしたという描写が、目が血走っているイメージを鮮明にし、殺気だったようすを読者の目に焼きつけるように働いている。

瞼《まぶた》

宇野千代の『色ざんげ』に、「窓からさすうす日をうけて半眼に開いているつゆ子の瞼は廂《ひさし》のように濃い睫毛《まつげ》の影を頬に落し」ているという印象的な描写が見られる。視線はまず瞼に注がれ、その先に長い睫毛が見える。屋根の廂を連想するぐらいだから、相当の量感なのだろう。ふとその延長上にある頬に視線を延ばすと、ひとところ薄暗い。よく見ると睫毛の影が映っているようだ。むろん、誇張はあろうが、睫毛がやわらかく薄日をさえぎって頬に影を落とすと描いたこのシーンは読者に鮮烈な印象を残すだろう。

眼

川端康成『雪国』の冒頭に出てくる、薄暮の車窓の風景を背景にして葉子の眼がガラスに映る、あの夕景色の鏡のシーンは、多くの読者を圧倒する。まだ暮れきっていないから、窓ガラスは車窓を流れる風景を映しながら、同時になかば鏡の役を果たし、その手前に乗客の姿をも映し出す。女の顔の奥を夕景色が流れ、人家の灯も次第に増えてきて、それが顔の中の「瞳のまわりをぼうっと明るくしながら」通り抜ける。「娘の眼と火とが重なった瞬間、彼女の眼は夕闇の波間に浮ぶ、妖しく美しい夜光虫であった」と、川端は書いた。

非現実的なまでに美しい眼の映像と、その瞬間を目撃してはっと目を見はる視点人物島村の感動が読者にも伝わってくるだろう。島村はその印象がいつまでも消えない。それ以後も、「刺すように美しい目で、島村をちらっと見た」という場面で、いつも「島村は何か狼狽《ろうばい》した」と感じるほど、平静ではいられなくなっている。

幸田文の『流れる』に登場する芸者置屋の女主人の眼も、女中として住み込んだ主人公の梨花にとって、「じいっとこちらを見つめている眼が美しい」と映る。その瞼《まぶた》を花びらに喩え、「重い花弁がひろがってくるような」と書いたあと、「咲くという眼《ま》なざし」と続けて、発想とした開花のイメージを完成させる。読者も目を見開く思いにひたる。

耳

谷崎潤一郎は『鍵』に、中国の婦人は耳の肉の裏側が異様に白くて美しいと書いてあったことを思い出し、「妻ノ耳ノ肉モ裏側カラ見ルト冴《さ》エ冴《ざ》エト白クテ美シイ」と書いている。はっとするのは、そのあとで、「アタリノ空気マデガ清冽ニ透キ徹ッテイルヨウニ見エル」と続けている。その冴え冴えと白い耳の美しさの作用で、そのあたりの空気まで透明に感じられ、清冽《せいれつ》な印象を実感するというのだ。読んでいて吸い込まれるような一瞬である。

鼻

夏目漱石の『吾輩は猫である』では、金田夫人のばかでかい鼻がしばしば揶揄《やゆ》の対象となる。それはいわゆる「鍵鼻で、ひと度は精一杯高くなって見たが、是《これ》では余りだと中途から謙遜して、先の方へ行くと、初めの勢に似ず垂れかかって、下にある唇を覗《のぞ》き込んで居る」と、「謙遜する」「覗き込む」という動詞によって擬人化した誇張表現の例もある。

徳富蘆花《ろか》の『思出の記』にも、「鼻が無性に大きいので、一寸《ちょっと》見ると顔中鼻ばかりかと思われる」といった誇張表現の例が出る。顔の部品の一つにすぎないはずの鼻が大きすぎて、それればかりが目につき、目や口がどこにあるかわからないほどだというのである。

頬

幾昔か前のひと夏、アメリカはバーモント州にあるミドルベリーという大学で九週間、全米から集う大学生に日本語を教えたことがある。ある日、キャンパス横の道を歩いていたら、妙齢の女性が微笑《ほほえ》みかける。自分の後ろに誰かいるのかと一瞬ためらいながら、まさか振り向くわけにもいかず、あわてて控えめな笑顔を返した。見知らぬ人とすれ違う際にも好意的な表情を浮かべる土地柄らしいと判断したのだが、ひょっとすると、よほどの美人だったかもしれない。

吉行淳之介の『原色の街』に、笑顔を向けた相手が自分でないことに気づいた時の、何とも言えない間の悪さ、その笑顔のやり場を描いた一節がある。それに応じて一瞬微笑みかけてから、自分でないと気づいた時、「行き場のなくなった微笑がそのまま頬に凍りついてしまう」と書いてある。なるほどそれは凍りつく感じなのかもしれない。

幸田文の『流れる』には陰惨な笑顔というものが登場する。芸者の雪丸は「こっくりをして、にいっと笑った」とある。「にいっと」は、唇が横長になるようすを表す擬態語だろう。が、すぐに「笑ったのだろうとおもう」とトーンダウンする。「笑った」と断定するのがためらわれる顔だったからだ。だから、「びっくりした。こういうえくぼもあればあるものだ」と続く。事実としては、「観骨《けんこつ》から顎へかけて長い深い溝が両頰へぐいっと吊った」という表情の変化だ。通常は、「えくぼと云うよりほかない」のだが、見た目には「刀痕《かたなきず》と云うよりほかもない」そんな「陰気なおそろしいえくぼだ」という。えくぼは本来ならにこやかな表情となり、見る人を温かい気分に誘うはずだが、雪丸の場合は違う。「斬られた顔としかうけとれない陰惨な笑顔」に見え、むしろ人をぞっとさせるのだ。「笑って美しさの消える顔」であり、それを「雪丸の不幸が笑っているようなものである」と作者は書く。

口

木山捷平の『河骨《こうほね》』に、大きな口が不快感を持って描かれている。「小男に似合わぬ大きな口をぐわっと開けて、黄色い出歯がふうふうと喘《あえ》いでいた」というのだ。黄色い出っ歯が印象的だが、「ぐわっ」という擬態語の働きから、男の粗野な動作が連想され、「ふうふう」という平凡な擬声語が、読者をまるで自分が臭い息を吹きかけられたような不快感に誘い込む。

三島由紀夫の『橋づくし』では、「口をどんな形にふさいでみても、乱杭歯《らんぐいば》のどの一本かがはみ出してしまう」という山出しの女の歯並びの悪い口がリアルに描かれる。

永井龍男の『「あいびき」から』には逆に、「犬歯より奥の方に、さりげなく入れた金色の歯は、ことに二十三、四以上の或る年齢の女性の場合、談笑裡《だんしょうり》にそれのキラリとかい間見られるのは、貴女《あなた》が身を以《もっ》て証明される如く、好ましいものであります」とある。

唇

志賀直哉の『暗夜行路』に、「赤児《あかご》は指でも触れたら、一緒に皮がむけて来そうな唇を一種の鋭敏さをもって動かして」という例が出る。そのやわらかい唇に指でも触れると、皮がむけて指にくっついてくるかと思われるまでに頼りない唇の薄い皮膚が印象的だ。

尾崎一雄の『霖雨《りんう》』にはガラス越しの唇にとまどう場面が出てくる。「節子は、いきなり硝子《ガラス》板に唇を押しつけ」、それを外からガラスを隔てて昌造が見ていると、「少し厚いと思われる節子の唇が、ルージュの色を失って硝子の向うで妙な形に崩れた」。日ごろ見ることのない女の唇の異様な姿だ。思いがけないものを見た男は、内心とまどいを感じる。

川端康成の『雪国』のヒロイン駒子の唇も忘れがたい。「小さくつぼんだ唇はまことに美しい蛭《ひる》の輪のように伸び縮みがなめらか」で、「濡《ぬ》れ光って」おり、「映る光をぬめぬめ動かしている」ように見える。それが「大きく開いても、また可憐《かれん》に直ぐ縮まる」ところから、島村の感受性は「体の魅力そっくり」と抱擁を連想する。思いがけない展開だ。

顎

中勘助の『銀の匙《さじ》』に、女の子が桜桃を食べるその口もとを、男の子が息を止めてじっと見つめる場面がある。「美しいさくらんぼが姉様の唇に軽くはさまれて、小さな舌のうえにするりと転《まろ》びこむのを眺めている」と書いた作者は、今度はそのたびに動く顎にも目を奪われる。「貝のような形のいい腭《あご》」と貝を連想するのも、まじまじと見つめているからだろう。そして噛《か》むたびにその「腭がふくふくとうごく」と描きとった。美しい顎がなめらかな動きを見せ、眺めている人をしあわせな気分に誘う。そう考えると「ふくふく」という独創的な擬態語が感覚的に納得でき、絶妙の働きをしていることに気づく。

嘉村儀多の『途上』に出てくる「前歯の抜けた窪《くぼ》い口が遥か奥に見えるくらい半島のように突き出た長い頤《あご》」という誇張の例は滑稽だ。幸田文の『流れる』に現れる「下顎が出っぱってるとせりふに凄《すご》みがつかない」という見方も説得力があり、読者はにんまりする。

顔

室生犀星の『愛猫抄』に、「なまじろく、うどんのようなかおをしながら、しずかに、ふふ……と微笑《わら》った」という箇所がある。女の顔が「うどん」に似ているとは誰も思っていないから、これは意表をつく見立てだ。ここでは「なまじろく」という形容が先導するから、顔面に粉をふいたような皮膚を連想する読者もあるかもしれない。ところが、そのあと「縒《よ》れた」と続くから、読者はくしゃくしゃっとした顔にイメージ修正することになりそうだ。

太宰治の『斜陽』の例も印象に残る。「夕日がお母さまのお顔に当って、お母さまのお眼が青いくらいに光って見え」たという箇所から、日ざしを帯びて眼が青く見えるという描写に、まず読者ははっとする。そうして、日本の最後の貴婦人とも見られる作中のこの「お母さま」の「幽《かす》かに怒りを帯びたようなお顔は、飛びつきたいほど美しかった」と展開する表現の流れなど、それこそ読んでいて思わず震いつきたくなるような一文かもしれない。

首

川端康成『千羽鶴』のヒロイン太田文子は、純真無垢《むく》で無抵抗な性格とともに、細く白い頸部《けいぶ》が印象的な女性である。「色白の長めな首をのばして、文子は菊治を眺めた」と書いた作者は、そこで菊治側に視点を移動させ、「のどから胸になる、そこのくぼみに、薄黄色いかげりがあった」と記している。見上げられた菊治は相手と目を合わせるより先に、そこに見える首の付け根のくぼみに黄色いかげりのあることに気づいたことになる。また、文子はこの頸部に感情を露わに映し出すこともある。「令嬢のはにかみの色はなお濃くなって、色白の長めな首まで染まって来た」とあるのがそれだ。作者の視点の操作に従って、読者もいつか菊治の側に立って、文子の表情豊かな首を眺めていることに気づく。

井上靖の『猟銃』に出てくる、「襟足の手入れが行き届いてレモンの切口のようにすかあっとして居り」という描写も目を引く。すがすがしいレモンのイメージを利かせたこの比喩は、胸の透くような「すかあっと」という擬態語の効果で特に印象深い。

肩

三島由紀夫の『橋づくし』のラストシーンを取り上げよう。陰暦の八月十五日の夜、願をかけて誰ともしゃべらずに七つの橋を渡りきると、その願い事が叶《かな》うという、東京下町の風習「橋づくし」に材をとった小説である。花柳界に生まれ育った大学生の満佐子は二人の芸者と毎年浴衣姿でこの行事に参加していたが、今年は新入りの女中がお供に加わった。あいにく一人は腹痛で、もう一人は知人に声をかけられ、相次いで落伍《らくご》し、満佐子は後ろから体格のいい山だしのみなの「悠揚せまらぬ足音が、嘲るように自分をつけてくる」気がして落ち着かない。

ようやく最後の橋にさしかかり、ほっとして橋のたもとで手を合わせた。と、そのとき、「男の声に呼びかけられて、身の凍る思いがした」。パトロール中の警官が身投げと間違えたらしいが、ここで話をすると願が破れるので口が利けない。お供のみなが自分に代わって事情を説明すべきだと、みなのワンピースの裾をひっぱるが、気の利かないみなは、しゃべると自分の願が破れると思い、「頑《かたく》なに口をつぐみつづけている」。ともかくこの橋を渡ってから釈明しようと、満佐子が走り出すと、何も知らない警官は「逃げる気か」とその腕をつかむ。とっさに「逃げるなんてひどいわよ」と声を出してしまい、成就寸前で満佐子の願は破れてしまう。「橋のむこうを痛恨の目つきで見やると」、一人だけ七つの橋を渡り終えたみなが最後の祈りをしている姿が目に入った。

幾日か経って、「一体何を願ったのよ。言いなさいよ。もういいじゃないの」と、みなに聞いてみるが、相手は薄笑いを浮かべて何も答えない。「憎らしいわね」と「マニキュアをした鋭い爪先で、みなの丸い肩をつついた」、そんなシーンである。「その爪は弾力のある重い肉に弾《はじ》かれ、指先には鬱陶しい触感が残って、満佐子はその指のもってゆき場がなかった」という直後の一文が忘れがたい。爪先をはね返す堅肥りの女の肩の弾力、ふれた指先に残る鬱陶しい触感、感覚描写がいつか心理描写を兼ねているみごとな表現として記憶に残る。

乳

平林たい子の『鬼子母神』に出てくる小さな女の子の乳を描いた一節を紹介しよう。まず、「七月の葡萄《ぶどう》の粒のような小さい二つの乳」と、それを熟す前の葡萄に喩《たと》える。そして、その植物のイメージをひきずりながら、「これでもこの中の豊穣《ほうじょう》な稔《みの》りを約束する腺や神経が絹糸ほどの細さで眠っているのだと思えば、蕾《つぼみ》の時から実の形をつけている胡瓜《きゅうり》や南瓜《かぼちゃ》のなり花のように、こましゃくれて見えた」と続ける。植物仕立てのイメージに、腺や神経を喩える「絹糸」のイメージをからませ、さらに「眠る」と擬人化したイメージゆたかな描写である。今は小さくてもそれなりの形をし将来の可能性を秘めている乳の姿に、「こましゃくれた」感じを抱く擬人的発想が、読者には忘れがたい逸品として駆り立ててゆく。

腰

高見順の『故旧忘れ得べき』に「胴体は牛乳瓶のように丸く、腰のくびれが全くといっていいほど無かったから、どこから足がはじまるのだか分らない」という描写が出てくる。一口で言えば「ずんどう」なのだろうが、そういう概念的な記述より、脚の始まりがわからないと書くことで、読者に感覚的に伝わる効果が増すだろう。

円地文子の『耳瓔珞《ようらく》』には、「病気の前より一皮ぬきすべらしたようにすっきり細くくびれた滝子の腰の線」という古風な表現が出てくる。「ぬきすべらす」という珍しい動詞は、抜くように滑らせるといった意味合いだろうか。脱皮のイメージを底に沈め、衣でも脱ぐようになめらかに一皮むけた感じを出そうとしたのかもしれない。男はそこに「新鮮な肉慾」を感じても、どこか「冷たい鱗《うろこ》のある人魚」を思わせ、「身体《からだ》に触れるのが怖ろしかった」と続くから、場に不気味な雰囲気を撒《ま》き散らす。

膝

三浦朱門の『箱庭』に出てくる細密画のような執拗《しつよう》な描写には驚く。たとえば百合子の膝の裏側は「日に当らないために生白く、のっぺりと平らで、青い血管が何本かみえる」というふうに、その箇所の色彩や形状から、透けて見える血管の色まで写生する。そのあとの感覚的印象がすごい。

「形も色もあまりに無防備で、つい先刻《さっき》まで、そこに何かがはりついていたのを、むりやりにはがして、はじめて外気にさらされた、という感じがする」と比喩的に描きとるのだ。「無防備」などというわかりきったことをあえて書くのは、顔はもちろん、胸や手足と比べても、自分の膝の裏を他人に眺められるなどとは、よほど意識過剰な女性でも思っていないだろうから、どうしても油断があって、そこまでは神経が行き届かないからだろう。たしかに「無防備」と言えないこともない。覆いを剝がして外気にさらされた感じというイメージは、どこか不安げで、かすかな恥じらいの交じった、そんな初々しさなのだろうか。

肌

三浦朱門『箱庭』は、肌に関する細密画も徹底している。「腿《もも》には毛は一本もないが、それでも毛穴は一つ一つ隆起している」とし、「その隆起は日にさらされることのすくないところでは少しずつ赤らんで、膝の裏あたりでは、バラ色の発疹《ほっしん》のようにも見える」と書く。

右はいわゆる鮫肌《さめはだ》の描写だが、女性の肌のなめらかさを感覚的にとらえ、誇張ぎみに描いた永井荷風『腕くらべ』の例が忘れがたい。「その肌の滑かさいくら抱き〆《し》めて見ても抱き〆るそばからすぐ滑りぬけて行きそうな心持」がするのだという。この間の読点の欠如、用字も古めかしいが、抱きしめようとしても抱きしめるそばから、するりと滑り抜けてしまいそうな肌の極度のなめらかさが、読者に感覚的に伝わるだろう。その「肌身はとろとろと飴《あめ》のように男の下腹から肌の間に溶け入って腰から背の方まで流れかかるような心持」だったとあるから、読者自身もそのまま溶けそうな気分になるかもしれない。

髯《ひげ》

夏目漱石の『吾輩は猫である』では、大仰に比喩を利かせた髯の描写が読者の笑いを誘う。「髯はどうだと見ると是《これ》は又驚ろくべく、ぴん然とおっ立って居る」とあり、「持主が怒って居るのに髯丈《だけ》落ち付いて居ては済まないとでも心得たものか、一本々々に癇癪《かんしゃく》を起して、勝手次第の方角へ猛烈なる勢を以《もっ》て突進して居る」というふうに、この髯はほとんど人間並みの待遇だ。そのため、「顔から髯が生えて居るのか髯の中に顔が同居して居るのか分らない」ほどだという。「奥に顔あり」と立札でも出したくなるジャングル状態なのだろう。

同じ作者の『草枕』にも、「老人は頭の毛を悉《ことごと》く抜いて、頬と顎へ移植した様に、白い髯をむしゃむしゃと生やして」というくだりがある。毛が本来あるべき場所になく、あってもなくてもどうでもよい場所にやたらに生えているという、ちょっとした矛盾感を、毛の移植といった形成外科の手術を思わせるイメージを借りて揶揄《やゆ》した滑稽な表現である。

姿

川端康成の『名人』に、囲碁の呉秀哉名人の遺体の姿が淡々と描かれている。病に痩せ細ったその印象は、「首だけの人形を、あらい亀甲《きっこう》がすりの着物に突きさしたようだった」という。「幽鬼じみて見える」ともあるから、人間じみて見えなかったのだろう。それどころか、肉体という存在を感じさせないのか、「余香のような姿である」とまで喩えている。

高見順の『故旧忘れ得べき』には、「身長よりも肩幅の方が大きい」男が登場する。縦と横の区別がつかないという表現はあるが、それ以上だから大変な誇張だ。「醜いとかなんとか、そんなありきたりの所を超絶した」と格調高く評価するあたりがおかしい。

北杜夫の『夜と霧の隅で』に出る「ずんぐりした体軀《たいく》はまったくビール樽《だる》そっくり」で、「歩いてゆくというより転がってゆくという方が当っていた」の例も滑稽である。

幸田文の『流れる』では、「おちついた奥様というつくり、あがって来る裾のあたりが水気を含んでいるんじゃないかと疑われるくらい、からだじゅうにしとっと軽くないけはいがある」という着物姿の女性が現れる。「軽くない」で感覚描写の奥行が深まる気がする。

匂

岩本素白の随筆『街の灯』にある一場面が記憶に残る。月の無い夏の晩、川面に映る新富座のはなやかな灯影《ほかげ》も消えて久しい築地橋の一景だ。銭湯帰りらしい「三、四人連れの女達が何か睦《むつ》まじげに物語りながら、宵闇に白い浴衣を浮かせて通り過ぎ」ると、「覚束《おぼつか》ない白粉《おしろい》の匂いが、重い夜気の中にほのかに漂っていた」とある。「覚束ない」とあるから、薄化粧か、石鹸《せっけん》の匂いだけでなく白粉のようないい匂いも漂っていたのだろう。あるいは、女性がかすかに撒《ま》き散らす空気のようなものだったかもしれない。その二日後の関東大震災でそのあたり一帯が焦土と化した。「ゆきずりに見た」あの人たちも無事だったかどうかわからない。そう思って見ると、わずか二日前の宵闇に浮かぶ白い浴衣も、おぼつかない白粉の匂いも、きっと遠い夢のように思われたことだろう。

宮本輝『二十歳の火影《ほかげ》』のラストシーンも印象的だ。父は外に女をつくり、事業に失敗してからは逃げ場としてそこに入りびたっていたが、亡くなる幾日か前に、二十歳《はたち》の息子をひそかに呼び出し、久しぶりに親子で屋台の酒を酌み交わした。足元のふらつく父親をアパートのその女のもとまで送り届けると、留守らしく部屋は真っ暗だ。蛍光燈の紐《ひも》を引くと、目の前に真赤な長襦《ながじゅ》袢《ばん》が姿を現した。父を坐らせると、ハンガーに掛っていたその「長襦袢が畳の上に落ち、一呼吸ののち、部屋に沈んでいた女の匂いが浮いてきた」。

暗いままだったらさほど意識しなかったはずの父の女の存在が、白々とした蛍光燈の光に突然照らし出され、息子は母と別の世界に住む父親という思いを強くして、決定的な疎外感を嚙《か》みしめたことだろう。「部屋に沈んでいた女の匂いが浮いてきた」という表現に、読者は感覚的、心理的に、しばらく揺さぶられることになる。

中勘助の『銀の匙』に、「円くあいた唇のおくからぴやぴやした声がまろびでる」という表現が現れる。この「ぴやぴや」という創作的なオノマトペは擬音語とも擬態語ともとれるが、いずれにしても、艶のあるなめらかな声の質感を運んでくることは確実だろう。

丹羽文雄の『青麦』には、「舌や唇で発せられる」ものでなく「胃袋から喉をあがってくる直接の声」だという叙述が出てくる。それを、「人体の急所からじかに発せられる声であった」と強調する。音声器官によって表面的な操作を加えた声ではなく、まるで自分の肉体をまるごと投げ出したような声だとして、物理的な音響よりも生理的な面を描いた。

庄野潤三の『静物』に、「お父さん、おやすみなさい」「お母さん、おやすみなさい」「うちじゅうみんな、おやすみなさーい」と叫び、三人の子供たちが寝床に入る競争をする場面がある。それから何時間か経過した静まり返った夜、まだ起きている父親は、自分の脇に眠っている妻を見ながら、前に自殺を図ってぬくもりの消えた妻の手足にふれたときの感触を思い出していた。そこにあえて「子供らの声がこの家のあっちにもこっちにも、恰《あたか》も感嘆符を打ったように浮んで残っている」と書き添えたのは、そうして一瞬はなやぐ家庭のぬくもりを心の支えとする父親の耳が、その明かりを消すまいとするからだろう。

富岡多恵子の『立切れ』には、落語を聴いて笑う老人たちの声を、「子供のころに聴いた死体がもえる時の音のようだ」と感じるニヒルな噺家《はなしか》あがりが登場する。

声ではないが、内田百閒の『山高帽子』に自分の鼾《いびき》を聞く愉快な話が出てくる。音が年々大きくなって、この頃では「毎夜自分の鼾を聞いて眠っている」そうだから、読者も信じないわけにはいかない。「咽喉《のど》にひっかかるかすかな節《ふし》も、にぶい調子の高低も、おぼろげながら耳の中に記憶がある」し、起きていてもその節と調子を真似《まね》ることができるという。

2 心情

喜び

天衣無縫の武者小路実篤は『友情』で、恋の歓《よろこ》びをこんなふうに手放しで表現してみせた。「自然はどうしてこう美しいのだろう。空、海、日光、水、砂、松、美しすぎる」と、そういう気持ちで眺める周囲の風景に対する感動を述べ、「人間にはどうしてこんなに深いよろこびが与えられているのだろう」と信じられない心境にとまどう。そして、気持ちの過剰な明るさを「まぶしいような。彼はそう思った」と感覚的に納得し、「自分のわきに杉子がいる」と、自分がその光源の近くに位置している幸福感を、天真爛漫《らんまん》に吐露する。

井伏鱒二の『珍品堂主人』では、弱みを握られてさんざん意地悪い仕打ちを受けてきた相手の女が、思いがけず詫《わ》びるので、どこか甘さを残す主人公は、騙《だま》されるのも知らず、すっかりその気になって、「すっと一陣の風が通りすぎたような感じ」を受け、「今までの殺気立った気持が吹き飛んで、苦笑が浮かぶ代りに、どうしたことか涙が込みあげて来る」始末である。

怒り

尾崎一雄の『擬態』に「私はじんじんと音を立てて湧き上る怒りを感じながら」という例が出てくる。「音を立てて」と比喩的に誇張し、「じんじんと」というオノマトペを駆使して感覚的に形容することで、怒りが激しく蒸気のように噴きあがってくるようすを、読者に体感的に伝えることに成功した。

同じ作者の『暢気眼鏡《のんき》』に出てくる怒鳴り声もすごい。夜半に「芳兵衛、早く来ないか。来ないと。もう知らないぞ」と妻の芳枝に怒鳴り、「莫迦《ばか》」と思い切り叫んだ。しかし、返事はなく、「前の原を隔てた或大学の野球部合宿の建物が闇の中から「莫迦」と木魂《こだま》を返して来た」とある。怒鳴り声が建物に反響し、闇の中から木魂となって当人を襲うのだ。

上林暁の『極楽寺門前』には、妻の不機嫌さが形を変えてくりかえし表現される。「さっきの不興がいぶりつづけている」と怒りの感情を火に喩え、「不興が募っていた」と上方修正し、妹の弥生が西瓜《すいか》を切って「義姉《ねえ》さん食べない?」と勧めても見向きもせず、「ぷすんと黙ったきりだった」。「ぷすん」という擬態語がことばの途切れた場の空気を集約する。

悲しみ

川端康成の『山の音』に、「はっきり手を出して妻の体に触れるのは、もういびきをとめる時くらいかと、信吾は思うと、底の抜けたようなあわれみを感じた」という一文が出てくる。あわれむ対象が妻なのか自分自身なのか、それとも人間という存在なのか、あるいは老いというものなのかと読者は考えるかもしれない。言われて気づく哀感である。

小沼丹の『藁《わら》屋根』にこんな場面がある。一時は銀行までやった大金持ちが零落し、そのすぐ近くの陋屋《ろうおく》に住んでいる。自分の手放した元の大邸宅を眺めながら「爺さんはどんな気持でいるのかしらん」と思いやっていたが、「爺さんは耄碌《もうろく》していたらしいから、案外何でもないのかもしれない」と論理的にほっとしかかる。だが、作者はすぐ「しかし、そう思うと何だか淋《さび》しい気がした」と続け、心理が論理を言いくるめるのだ。背景の説明を一切省き、「何だか」と突き放し、すべての情緒を読者に委ねるのである。

恐怖

川端康成『山の音』の冒頭近くにこんな場面がある。蟬《せみ》の不気味な声を聞いた後、夜空を仰ぐと、虫の声が耳につき、「木の葉から木の葉へ夜露の落ちるらしい」かすかな音も聞こえる。そんな老人の耳に突然異様な音が響く。「ふと信吾に山の音が聞えた」。「遠い風の音に似ているが、地鳴りとでもいう深い底力があった」という感覚的な説明のあと、「耳鳴りかと思って、頭を振ってみた」として改行し、「音はやんだ」という一文を投じて、たったそれだけで、また改行する。

瞬間、山の音と認知した不気味な幻聴かもしれないが、このわずか五文字の極小のパラグラフが断絶感をよびこみ、文面が鬼気を帯びる。その感覚が恐怖のプレリュードの役を果たし、「音がやんだ後で、信吾ははじめて恐怖におそわれた。死を告知されたのではないかと寒けがした」という作品のテーマにつながる衝撃を読者の胸に叩き込む。読みながら、「魔が通りかかって山を鳴らして行ったかのよう」におののく信吾の気持ちをなぞることとなる。

羞恥

安岡章太郎の『海辺《かいへん》の光景』に、「内股にヒリヒリしみながら小便が流れおちて行くのを我慢するような恥ずかしさ」というふうに、羞恥心を触覚的な比喩で描く例が出てくる。また、同じ作品に、「母の羞恥心が端的に息子の心にのりうつった」とし、それは「爪を立ててつかまれている足の痛さといっしょに、ヒリヒリと痛いような恥ずかしさを彼の心に植えつけた」と展開する一節もある。これも皮膚感覚でとらえた羞恥のさらに複雑な例である。

陶酔

愛や恋の気持ちも論理では説明がむずかしい。室生犀星の『杏《あんず》っ子』では、「女の人の心にはいつもピアノのような音色があ」り、「愛情だってピアノが鳴るようなものじゃないか」と、心に響く弦といった聴覚的なイメージでとらえている。

瀧井孝作の『無限抱擁』には、「樹木か何か揺さぶられているような」と不思議な感覚を訴える人に「それが恋だろうな」と、触覚的にとらえ、体感的に伝える表現が出る。

井伏鱒二の『駅前旅館』でも、触覚に嗅覚や味覚のからむ複雑な比喩で恋愛感情を伝える。「胸のなかが酸っぱくなっているような気持」だとか、「胸のなかに、いきなり鼻茸《はなたけ》か何かのようなものが出来て」「頻《しき》りに酸っぱい花粉を散らして」だとかはそんな例だろう。

川上弘美の『センセイの鞄《かばん》』では、「愛」も「恋」も「好き」という語も使わずに、高校の国語教師と昔の教え子という関係のそういう二人の気持ちを、読者に痛いほど感じさせる。「昔教壇で平家物語を読み上げたときのような、毅然《きぜん》たる口調」で「体のふれあいは大切なことです」と教え諭し、でも自信がないと「正座したまま」「ふかぶかとセンセイは頭を下げ」、何も言えずにいる女の「頭のてっぺんを、いつものように何回か撫《な》ぜた」と書くだけで、読者にはもう十分だろう。

嫌悪

小沼丹の『古い編上靴』に、主人公の大寺さんが疎開先で地理風俗大系を手に取って漫然と眺めている場面がある。ヴェルサイユ宮殿、ベルリンの並木路、ロンドンの洟垂《はなた》れ小僧……とページを繰りながら、「その連中の多くは疾《と》うに死んだろう。濃艶な微笑を送る美女もいまは皺《しわ》だらけの婆さんだろう」と考えているうちに「腹が立って来て、それから次第に憂鬱になってぼんやり考えこんでしまった」と展開する。怒りから憂鬱へと駆り立てられる主人公の気持ちが、人類の犯した愚かな戦争という記憶の消え残る読者に浸《し》み入る。

庄野潤三の『舞踏』は「家庭の危機というものは、台所の天窓にへばりついている守宮《やもり》のようなものだ」という意味ありげな比喩表現から始まる。そして、「何時《いっ》からと云うことなしに、そこにいる。その姿は不吉で油断がならない」と、守宮に見立てた比喩を続け、「家屋の内部の調度品の一つであるかの如くそこにいるので、つい人々はその存在に馴《な》れてしまう」と、守宮に調度品のイメージを重ねて、変化に気づきにくいという表現環境を整える。知らぬ間に萌《きざ》し、あたりまえのように進行し、気がついたときには取り返しがつかなくなっている家庭の危機に、ふたたび守宮のイメージをよびおこし、「誰だってイヤなものは見ないでいようとするものだ」と結ぶ。内面のひび割れた夫婦の感情を、こうして読者の心に戦慄とともに届けるのである。

昂奮《こうふん》

森鷗外の歴史小説『阿部一族』に、主君の細川忠利が世を去り、殉死を許された内藤長十郎の最後の朝が描かれている。切腹の当日になってそのことを母に告げると、予期していたのか母は驚いたようすもなく嫁を呼んで杯盤の用意をさせ、家族で別れの杯を酌み交わす。心地よく酔った長十郎は居間に引き下がり、部屋の真ん中で鼾《いびき》をかき始めた。この世で過ごす最後の日、介錯人《かいしゃくにん》が訪れるまでのひとときだ。それぞれが自分の部屋にこもって物思うのか、家の中はひっそりとしている。居間の窓は開け放たれ、吊《つ》りしのぶに付けた風鈴が時折かすかに鳴る。その下の手水鉢《ちょうずばち》に伏せてある柄杓《ひしゃく》にやんまが一匹とまって動かないでいる。

そういう客観的な事実だけを記述して淡々と流れる作品は、突如「一時《ひととき》立つ。二時《ふたとき》立つ。もう午《ひる》を過ぎた」と展開し、どこかに人のけはいが漂いだす。無限に存在する事実からその三つを選び、その順に並べたのは作者だが、現実そのものはこんなふうに切れておらず、連続的に広がっている。作者がこう切って並べた瞬間、表現の奥に誰かのけはいが動きだす。

作中人物の心の波だちが読者に伝わってくるのだ。淡々と流れる時の経過をそんなふうに感じている人物の息づかいが聞こえてくるのである。昼食の支度は女中に言いつけてあるが、姑《しゅうとめ》たちがはたして箸を取る気になるかどうかわからず、聞きに行こうと思いながらためらっているうちに時は刻一刻といたずらに過ぎてゆく。そう感じている嫁の呼吸で作者は文を刻んでいるように思われる。あくまで姿勢を崩さず、感情を底流に沈めたままに展開する、歴史そのままとも見える文章の冷やかな肌に、ほんのりと赤みがさす一瞬だ。そこにネガのような詩情が流れ、記録がこうして文学となってゆく。

井伏鱒二の『珍品堂主人』には、緊張、昂奮、感動が肉体的な変化として描かれている。古物商が掘り出し物かと息を飲む瞬間を、「胸流れと云えば、寺から盗み出させたものかもわからない。珍品堂は頬がぴくぴく動くのを覚えました」とわずかな痙攣《けいれん》としてとらえ、骨董《こっとう》に夢中だった小林秀雄がモデルだと、東京荻窪の自宅で作者自身の語ったその「来宮は肩で息をしながら見ているばかりでした」と息はずむ動きで伝え、その品にすっかり心を吸い寄せられるようすを「くたくたになるほど感心していたのです」と、これも体感的に描いた。

安堵《あんど》

「右側の、自家《うち》の入口への石橋に立つ小さな母の姿が見えた」という結びの一文を、あの大長編エッセイを書き出す時から用意してあったと、下曽我の自宅でみずから語った作品『あの日この日』のラストシーンから例を取ろう。胃潰瘍による吐血で絶対安静となった時期も過ぎた九月の末に、住み慣れた東京上野桜木町の通称「ぼうふら横町」の家を後にして郷里に向かう。「振り返って南方を見る。鳥居をこえて、足柄平野、その端《はず》れの旧東海道にならぶ松並木、そして相模灘《さがみなだ》」。下曽我の駅からゆっくりゆっくり歩きながら、久しぶりに眺める故郷の風物に思わず涙を誘われる場面である。腕を支える妻に「とうとう帰って来たな」とつぶやく。「もう安心ですね」とほっとする妻に、「うん。もうこれで、いい」と応じる。「もうこれで、死んでも」という気持ちだったが、そこまでは言わなかったという。

小沼丹の随筆『障子に映る影』は、「冬の日、障子に陽差《ひざし》が落ちているのを見ると何となく落着いた気分になる」という一文で始まり、「穏やかな午後の陽差が、白い障子に冬の樹立《こだち》の影を映しているのを見るのも悪くない」と展開する。こういう穏やかな心境が続けば申し分ないのだが、作品は伯母の法事の部屋にその妹の伯母が入って来たと思い込む幻覚の話へと進む。安らかな日々というものは人生の谷間にすぎないのかもしれない。

驚愕《きょうがく》

網野菊の小説『さくらの花』に、思わずぎょっとする場面が出てくる。妹のゆう子が病死した直後、付き添い看護婦が「菊の花は入れないで下さい。奥さんは、菊の花はおきらいでしたから」と言い、葬儀屋が白菊の花を足もとに捨てている。よし子は「正月の花にと思って二本自分がゆう子の病室へ持参したのと全然同型同色の中輪の白菊の花だったので、ハッとした」。作者はそのあとに、「いきなり、ガクンと頭をなぐられたようなショックだった」と書き添え、少し先に、「すてられた二輪の白菊の花は、やがて、みんなの足にふまれて泥まみれになった」と書き捨てた。読者にとっても何とも痛々しい一文である。

尾崎一雄の『玄関風呂』に、小咄《こばなし》めいた実話が載っている。そそっかしい女房が、中古の風呂桶《おけ》を安く譲り受けたが、風呂場がないことに気づき、やむをえず玄関のたたきに置いたという。井伏鱒二に「うちでは玄関で風呂をたてているよ」と、その失敗談を始めると、相手は目を丸くして、「君とこの玄関は、随分たてつけがいいんだね」と、ひどく感心したので、「これには、こっちがまた目を丸くした」として随筆は結ばれる。日本語の「で」という助詞は、たしかに場所だけでなく、「やかんで湯を沸かす」のように道具や手段を表すこともあるから、井伏は玄関に水を張って外から熱するものと思い込んだらしい。常識を通り越しているが、この作家なら考えかねないような気もするし、語学的にも妙に筋の通るところがよけいおかしい。

3　感覚

光

三島由紀夫は『金閣寺』で、「西日は池水の反射を、各層の庇《ひさし》の裏側にゆらめかせていた」と書き、「反射があまりに眩《まば》ゆく鮮明なので」と、その原因を補足した上で、「金閣は居丈高《いたけだか》に、少しのけぞっているような感じをあたえた」というふうに、建物を擬人化して描き、光のゆらめく印象的な風景を見た人間の感動を伝えている。

影

同じ作品で、「金閣は雨夜の闇におぼめいており、その輪郭は定かでなかった」と、今度は闇の中にぼんやりと見える金閣の姿を「それは黒々と、まるで夜がそこに結晶しているかのように立っていた」と、「夜」という抽象的なイメージの比喩に仕立てている。

小川洋子の『冷めない紅茶』には、「外には冬の闇が満ちていた。どこか甘い匂いがするような、しっとりとした闇だった。掌《て》を広げると、闇のベールの感触がつかめそうだった」という一節が出てくる。視覚的な存在である「闇」を嗅覚的、触覚的に描いて新鮮だ。

色

同じ作品に「喪服の黒色は夜の中に溶け出し、彼のわずかな仕草と一緒に揺れていた」という色の描写も見られる。喪服の色が夜の中に溶け出すという比喩的イメージに驚く。

梶井基次郎の『檸檬《レモン》』に、「檸檬が好きだ。レモンエロウの絵具をチューブから搾り出して固めたようなあの単純な色も、それからあの丈の詰った紡錘形《ぼうすいけい》の恰好《かっこう》も」というくだりがある。「チューブから搾り出して」というのがポイントだろう。

有吉佐和子の『水と宝石』には、「窓のカーテンは青磁がかったグリーンで、その向うから早朝の薄明が忍び込むと、部屋の空気は碧《あお》く染まって海底のように見える」とある。

また、村上春樹の『遠い太鼓』には、「窓枠と雨戸とドアの色だけがそれぞれの家によって違う。コバルト・ブルーや、鮮やかなグリーンや、トマト・レッドや、サーモン・ピンクに塗られている」と、色とりどりの家を並べ、それを「遠くから見ると、洋菓子の箱がずらっと並んでいるように見える」と、ケーキに見立てた比喩表現がほほえましい。

動き

同じく村上春樹の『遠い太鼓』に、雨が「小気味よくさっとやみ、空を覆っていた暗雲が細胞分裂でもするみたいにパッパッとわかれ、北からの風がそれをいきおいよく吹きながし、そのすきまにちらちらと青空が顔をのぞかせはじめていた」という箇所も出てくる。見ている間に変化する空のようすを、擬態語と比喩を利かせて小気味よく描写している。

状態

三浦哲郎の『帰郷』に、「野は、陰鬱な鉛色の空の下に黒々とひろがり、野の果てはひくくたれ下った雲に呑《の》まれていた」と、読者の目に浮かぶように描写した例が出てくる。

また、幸田文の『流れる』では、「天井からは万能干し器が骨ばかりの傘《からかさ》のように吊りさがって、からからに乾いた足袋が片ほう、肌襦袢《はだじゅばん》にかける緋縮緬《ひぢりめん》の襟がだらんと萎えている」というふうに、比喩と擬態語で感覚的に描き出した例が印象的である。

音響

林芙美子は『放浪記』で、「ジジジジと歯を噛《か》むようなミシンの音がしている」と、擬音語と比喩を使って、ミシンという生活の音を描いてみせた。

小川国夫の『里にしあれば』には、「蚕が桑を食べている音が四六時中雨のようにしている家」という例が現れる。ほとんどの人が気づかない、あるいは記憶にない蚕の発する音を、静かな雨の音に喩《たと》えた例である。

梶井基次郎は『城のある町にて』で、こんな花火の音を描いている。「薄暮の空に、時どき、数里離れた市《まち》で花火をあげるのが見えた」と、まず視覚的にとらえ、次いで、「気がつくと綿で包んだような音がかすかにしている」と、距離があるために響かない音を、「綿に包む」というイメージを導入した比喩で表現し、「それが遠いので間の抜けた時に鳴った」と続けている。

嗅覚

阿部昭の『桃』に、「熟れて落ちた桃が、地上で蒸れて腐りながら放つ甘ったるい芳香は、まだ庭にも家の中にも充満していて」と、桃の実の腐った異様な臭気を描く。

宮本輝は『道頓堀川』で、挽茶《ひきちゃ》の匂いをこう描いている。「立ち停《どま》って改めて吸い込んでみたくなるような芳香」とその魅力を伝えた後、時には「我知らず足を速めて立ち去ろうとさせる寂しい匂いの塊り」と、嗅ぐ人の心の状態でさまざまな印象を与えることを記す。

味

梶井基次郎は『檸檬』で、びいどろの「味には幽《かす》かな爽やかな何となく詩美と云ったような味覚が漂って来る」と、微妙な味を文学的に喩えてみせた。

水上勉は『土を喰《く》う日々』で、渋柿の灰焼きについて、「黒砂糖をこねたようなねっとりとした甘味」と、土俗的とも評すべき洗練されない独特の濃厚な味を表現してみせた。

触感

梶井基次郎の『城のある町にて』に、「あの土地のでこぼこを冷い莫蓙《ござ》の下に感じる蹠《あしうら》の感覚の快さ」と、足の裏に感じる凹凸の刺激を好意的に書いた箇所がある。

幸田文は『流れる』で、「新しい著物《きもの》はふっくりしていて、著《き》る人をもふっくりさせる」と、「ふっくら」とは微妙に違う「ふっくり」という創作的な擬態語で表現してみせた。同じ作品に、「狭い階段に肥りじしのからだは空気を濃くするような感じがある」と、階段のような狭い空間では、肥満体がそこの空気を圧迫し濃くするととらえた例も出現する。

痛痒《つうよう》

開高健の『裸の王様』に、子供が「背をつねったりする。それも皮膚を厚くつままず、ほんとに効果を計算して爪と爪とだけで焼くようにチリッとやる」という一節が出てくる。爪と爪で肉をごく薄くつまんでつねられる時の比類のない痛さを、「焼く」という比喩と「チリッ」という擬態語で、読者に体感的に伝えてくる。

大江健三郎は『芽むしり仔《こ》撃ち』で、「割れた靴底からしのびこむ汚水が僕のしもやけにふくれた足指を濡《ぬ》らし、狂気のようなむず痒《がゆ》さをひきおこした」と描き、痒さを強調する。

寒暖

幸田文の『流れる』に、「たてつけの狂った障子の合せ目にすわっていれば、外のささの鳴るのにあわせて家のなかの隙間風も梨花の背なかへ細長いつめたさを吹きつけてくる」という箇所がある。細長い隙間を通り抜けて来るひんやりとした風を、「細長いつめたさ」と視覚と触覚との組み合わせで表現したあたりが、感覚的な発見と言えるだろう。同じ作品に、「しんしんとした凍《いて》が壁から肩を背なかを縛ってきた」と、身動きもならぬほどの冷え込みとして触覚的に描いた例も現れる。読者もぞくぞくっとしそうな表現である。

その逆の堪えがたい暑さについては、内田百閒の『麗《うら》らかや』に出てくる、「日中油照りに照りつけられて、むしむし蒸された一日が漸《ようや》く暮れ」という表現に読者も一息つく。

城山三郎の『辛酸』には、「炎のような熱線に、筑波も赤城もゆれおどり、堤の道は砂金をまぶしたように正造の眼を射し貫いた」という強烈な描写が現れて驚く。熱波に風景が揺れて見え、路面が砂金のようにまぶしく感じられるさまが、体感的に伝わるようだ。

乾湿

石坂洋次郎は『青い山脈』で、「明けきらない朝の青い光とすがすがしい空気が、霧のように座敷の中に流れこんでいた」と、読者にも朝の爽やかな感触を届けてくる。

住井すゑの『夜あけ朝あけ』に出てくる「どての夏草は、もうしっとりと、夜露をふくんでいる」という描写は、逆に湿りけを帯びた快感だろう。

しかし、阿部昭の『みぞれふる空』に現れる「骨までぬれるようなじとじととした冷えこみ」という箇所となると、明らかな不快感だ。「骨までぬれる」というイメージの比喩表現が強烈な印象を残す。「じとじと」もその不快感を増幅している。

4 風景

日

谷崎潤一郎は『陰翳礼讃《いんえいらいさん》』で、「庇《ひさし》をくぐり、廊下を通って、ようようそこまで辿《たど》り着いた庭の陽光は、もはやものを照らし出す力もなくなり、血の気も失《う》せてしまったかのように、ただ障子の紙の色を白々と際立たせているに過ぎない」と、弱々しい光を得がたいものとして描いた。

永井龍男の『冬の日』の末尾近くに出てくるのはその逆で、強烈なイメージを運ぶ。情欲も住み慣れた家も捨てて出て行く初老の女が、睡眠薬を飲んで長時間眠った後、雨戸の隙間から射《さ》し込む異様に赤い光に心乱れる場面である。気がつくと、「元日の夕日であった。黒い屋根屋根の上で、それは弾んでいるようにも見え、煮えたぎって音を立てているようにも感じられた」と、気持ちさながらの動的なイメージでとらえた夕日の迫力がすごい。

月

同じ作者の『風ふたたび』に、「百日紅の花の向うに、貝がらのようにほの白い夕月が、ほそくかかっていた」と、夕月を貝がらに喩《たと》える小粋な例も見られる。

藤沢周平『麦屋町昼下がり』の冒頭近くには、「辰巳《たつみ》の空にやや赤みがかった月がうかんでいるのが見えた。満月に近い月は、まだ寒かったひと月前には人にも物にももっと荒涼とした光を投げかけていたのだが、いまはためらうような光を地上に落としているだけだった」と、季節の推移をこのように月の光の感触の違いでとらえる主体化した表現が続く。

雨

サトウハチローの『夢多き街』に、「二三日降り続いた雨が、溜息《ためいき》のようにトタン屋根をぬらしている」とある。濡《ぬ》らすものの形容に、「溜息」などという、並の人間は思ってもみないようなイメージをよびこむのは、詩人の感受性なのかもしれない。

林芙美子は『浮雲』で、「四囲《まわり》の空気を、さっと刀で切りつけてやりたいような、じれじれした雨である」と書き、『うず潮』では、「白い葱《ねぎ》をちぎって放るような雨」と描写した。

藤沢周平の『驟《はし》り雨』は、盗っ人が八幡神社の軒下にひそみ、「地面にしぶきを上げる雨脚が、闇の中にぼんやりと光るのを眺めながら」これから忍び込む問屋のようすをうかがっているシーンに始まり、雨宿りに訪れる人びとが束《つか》の間《ま》くりひろげる人間模様が描かれる。弱りきった母親が子供に手を引かれ、よろけながら出て行くと、男は盗みを忘れて飛び出して背中を貸し、提《ちょう》灯《ちん》の明かりを頼りに三人が夜道を歩くラストシーン。さっきまで忍び込もうと息を殺していた自分が信じられない。「雨はすっかりやんで、夜空に星が光りはじめていた」として、抑制の利いた文章は結ばれる。作品が過ぎ去った後で、読者は心洗われる思いでほのぼのとしたひとときを味わうことだろう。

雪

川端康成は『雪国』で、「窓で区切られた灰色の空から大きい牡丹雪《ぼたんゆき》がほうっとこちらへ浮び流れて来る。なんだか静かな嘘《うそ》のようだった」と書いている。静かに舞い降りて来る大きなやわらかい雪の質感を、この作家は「嘘」というイメージで描いてみせた。「ほうっと」というこの作家独自の創作的な擬態語が夢のような世界へといざなうような気がする。

雪というのは一体どこからどのように降ってくるかと興味をもって観察する人はめったにいない。幸田文は『流れる』で、「雪は大気をおしわけるようにゆっくりと、黒く、白く、まばらに降りてくる」と実感を比喩的にとらえた。読むと、なぜかそんな気がするから不思議だ。

風

田村俊子は『木乃伊《ミイラ》の口紅』で、「無数の死を築く墓地の方からは、人間の毛髪一本一本を根元から吹きほじって行くような冷めたい風が吹いて来た」と書いている。墓地を渡る冷たい風を「毛髪の一本一本を根元から吹きほじって」と考える作者の感覚には驚く。

堀辰雄は『風立ちぬ』に、「ときおり軟らかな風が向うの生墻《いけがき》の間から抑えつけられていた呼吸かなんぞのように押し出されて」と、軟風《なんぷう》を「息」のイメージで描き出した。

山

志賀直哉の『暗夜行路』にこんな描写がある。山登りに出かけた途中、時任謙作《ときとう》は体の不調で仲間と別れ、明るくなるのを待ってここから引き返そうと、山中で夜明けを待っていた。「精神も肉体も、今、此《この》大きな自然の中に溶込んで行くのを感じ」、「還元されるような快さ」でしばしまどろんだらしい。ふと眼を明けると、「空が柔かい青味を帯び」、「山裾の靄《もや》は晴れ」、「もう海面に鼠色《ねずみいろ》の光」が見える。と、「今見ている景色に、自分のいる此大山《だいせん》がはっきりと影を映している事に気がついた。影の輪郭が中の海から陸へ上って来ると、米子の町が急に明るく見え出したので初めて気づいたが、それは停止することなく、恰度《ちょうど》地引編のように手繰られて来た。地を嘗《な》めて過ぎる雲の影にも似ていた」と展開する。

もはや何の説明も要らない。自分の眼でものを見、感動をもって対象をはっきりととらえているのだ。描写の巧拙とは、要するに、ものがきちんと見えているかどうかなのだろう。

海

島木健作の『癩《らい》』に、「翠巒《すいらん》のおのずから溶けて流れ出たかと思われるような夏の朝の瀬戸内海」という例が出てくる。翠《みどり》一色の峰が自然に溶けたような緑色の海という発想の比喩だ。

太宰治の『斜陽』には、「真昼の光を浴びて、海が、ガラスの破片のようにどぎつく光って」という描写例がある。波頭が鋭く光るのをガラスの破片のイメージでとらえた例である。

黒井千次の『群棲《ぐんせい》』に、「はがきの端を持つひどく長い指が奇妙に反りかえり、陽《ひ》に当ったことのない内臓のように生白い。その指先で、どぎつい濃紺に煮つめられた海が四角くテラテラと光っていた」という一節が出る。指の白さを、光に当たったことのない内臓に喩《たと》えた表現も意表をつくが、濃紺の海を「煮つめられた」ととらえる発想もユニークだ。

川

佐藤春夫は『田園の憂鬱』で、「浅く走って行く水」を「縮緬《ちりめん》の皺《しわ》のように繊細に、あるいはある小さなぴくぴくする痙攣《けいれん》の発作のように光ったりする」ととらえ、「細い水が、月の光を砕きながら流れていた。それは雲母《うんも》の板か何かのように黒く、そうして光って、音を立ててふるえていた」と、「月の光を砕く」「雲母の板」のイメージで展開する。

川端康成の『雪国』に出てくる「山裾の川は杉の梢《こずえ》から流れ出るように見えた」という例は、ちょっと島木の「翠巒」の例に似ているが、ここは位置関係からの錯覚なのだろう。

林

同じく川端康成『雪国』に、「紅葉の銹色《さび》が日ごとに暗くなっていた遠い山は、初雪であざやかに生きかえった」として改行し、「薄く雪をつけた杉林は、その杉の一つ一つがくっきりと目立って、鋭く天を指しながら地の雪に立った」と流れるくだりがある。薄く雪をつけた杉の木が一本一本すっくと立つイメージをくっきりと描きながら、〝天〟と〝地〟とが対峙《たいじ》する雄大なスケールでその世界を象徴的に現出し、小説の区切りを印象的にした。

花

佐藤春夫は『田園の憂鬱』で、「その花は何時《いっ》かあの涙ぐましい――事実、彼に涙を流させた畸形《きけい》な花を一つ咲かせてから、日ましによい花を咲かせて、咲き誇らせて居たのに、花はまたこの頃の長い長い雨に、花片はことごとく紙片のようによれよれになって、濡《ぬ》れに濡れて砕けて居た」と展開させ、「砕けて咲いた」と添えた。「長い長い雨」「濡れに濡れて」と反復表現が目立つ流れだ。「砕けて居た」から「砕けて咲いた」への展開も同様だ。一般にくりかえしの手法は、強調の役目を果たす一方、感傷的なニュアンスを帯びやすい。ここでも、「涙ぐましい」と来てダッシュでせきとめ、さらに「涙を流させた」と続く文展開の中で抒情《じょじょう》に流されそうになる。そこを危うくつなぎとめているのは、「花片」を「紙片」ととらえる冷めたイメージ転換と、それを悼む感受性の背後にたぎる熱い心情のように思われる。

岡本かの子は『母子叙情』で、「初夏の晴れた空に夢のしたたりのように、あちこちに咲き迸《ほとばし》るマロニエの花」と、花を「夢のしたたり」という思いがけないイメージで描き出した。

大岡昇平の『花影』の第二章の末尾に「桜の下で死ぬ風流を、落ち合わせていなかった」とあり、「花の下に立って見上げると、空の青が透いて見えるような薄い脆《もろ》い花弁である」と続く。そこで改行し、「日は高く、風は暖かく、地上に花の影が重なって、揺れていた」と情景描写が展開する。作者はまた改行し、作中人物の心の中に分け入って、「もし葉子が徒花《あだばな》なら、花そのものでないまでも、花影を踏めば満足だと、松崎はその空虚な坂道をながめながら考えた」と展開する。

福田恆存が「現代日本語の散文によってなしうる最高の表現」と絶讃し、最終章の葉子の自殺を描いた箇所に照応する作者の歌、泉のように吹き上がって形づくる美しい詩であると位置づける一節である。

花火

永井龍男『風ふたたび』の花火のシーンを紹介しよう。「数番の仕掛け花火が、終りを告げたばかりらしく、濃い一面の白煙が、ほのかに余燼《よじん》に映えつつ、川上へもうもうと吹き上げられていた。対岸のビルの灯も、川を渡る総武線の灯も、その中に見えがくれした」という、鍛えあげられた眼のとらえた描写で始まる。そして、「ほっと一息入れた川筋を見下していると、乱れ乱れたざわめきをこえて、時おりカン高い一人一人の遠い叫びも、はっきり、ひびいてくるのだった」という今度は鍛えあげられた耳を思わせる描写が続く。

そういう研ぎ澄まされた感覚の働きで、臨場感をかきたてたあとに、「金のあざみ、銀のあざみ、柳の雪が燃え、散る菊にダリヤを重ねる。五彩の花々は、絶え間なく空を染め、絶え間なく空に吸い込まれた」と、快いテンポでくり出されるクライマックスが現れる。読んでいると、まるで花火の打ち上げられるタイミングとリズムを活写したかのように感じられる。

時

庄野潤三の『秋風と二人の男』は、作者自身を思わせる蓬田《よもぎだ》と、親しい作家小沼丹を連想させる芝原との交流を描いた小説である。前回の待ち合わせでは五分遅れたので、今度は待たせないようにと早く家を出すぎたため、街角で三十分も待つこととなった。新宿の小田急百貨店近くらしい舗道に立って相手を待ちながら、急にひんやりした風が吹き始めた街を見て、上着を持って来なかったことをしきりに後悔しているシーンがある。前に訪問した丘の上の庄野家を思い浮かべると、あの急坂《きゅうはん》を下りてから気がついても、上着を取りに戻る気にならないのはよく理解できる。こんなはずではなかったと、丘の上の家を出て小田急電車に揺られ、新宿駅に着くまでの状況を回想してみる。

電車がヨットの浮んでいる多摩川あたりを通っている頃は、まだ陽《ひ》がさしていたが、「人家の少ないところを走って、そのうち次第に家が混んだところへさしかかって来ると、線路の横の道を歩いている買物籠をさげた女の人にも日暮れの気配が感じられるようになり、蓬田は半袖のシャツから出ている自分の腕が気になり出した」とある。

作品の底に、晩夏から初秋に移る時分の季節感が流れている。それにしても、「買物籠をさげた女の人にも日暮れの気配が感じられる」と、何の衒《てら》いもなくさらりと書くことのできる観察と描写の力には、思わず目を瞠《みは》る。文章のふくらみというものかもしれない。

V 余白

1　余情のありか

余情とは何か

日本文学では、詩歌に限らず散文でも、余情というものが重要な美的理念とされてきた。余情とは何かと理屈で説明するのは粋ではないし、日本人なら何となくわかる。物事が終わった後まで残る情趣や風情をさし、文学作品では言語表現の隙間から汲《く》みとれる作者の感慨といった言外の意味を中心に、文章という言語表現の刺激で形成されたイメージに対して読者の抱く情緒や、その後も心の中に生き続ける潜在的な記憶にあたるだろう。

佐藤春夫の『田園の憂鬱』に「そうして、その秋の雨自らも、遠くへ行く淋《さび》しい旅人のように、この村の上を通り過ぎて行くのであった。彼は夜の雨戸をくりながらその白い雨の後姿を見入った」とある。

永井荷風の『雨瀟瀟《あめしょうしょう》』には「此《こ》れから先わたしの身にはもうさして面白いこともない代りまたさして悲しい事も起るまい。秋の日のどんよりと曇って風もなく雨にもならず暮れて行くようにわたしの一生は終って行くのであろうというような事をいわれもなく感じたまでの事である」とある。

たとえばこのような文章片に、余情に似た情緒が何となく感じられるならば、もう説明するだけ野暮だろう。無意識のうちにも余情というものの要諦《ようたい》をすでに把握しているからである。

余情の条件

いったい余情感というものは、どういう文章に漂いやすいのだろう。以前、早稲田・青山・成蹊という三つの大学のいずれも文科系の学部の学生、計数百名を対象に、余情に関する調査を実施したことがある。その調査結果を、私見を交えて紹介しよう。

一つは文章の品格であるという。むろん格調が高いほど余情が生じやすいといった一般論は成り立たないが、夾雑物《きょうざつぶつ》を切り捨て感情を抑制した寡黙の文章が、おもねりやくすぐりを含んでとめどなく流れる饒舌《じょうぜつ》の文章より、余情ゆたかな作品となりやすい傾向があることは否定できない。

情報の論理を基軸として展開する文章やストーリーを追及する文章より、状況描写を盛り込んで感情で織りあげる文章のほうが余情を喚起しやすいという指摘もある。同じく心理面が描かれる場合でも、その心理を解説されるより、その場の情景をとおしてそれとなく伝わってくるほうが有効だという指摘もそれにつながるだろう。

話題の面では、読者にとって身近なことが描かれている文章のほうが、読者は自分の体験を重ね合わせやすく、小説でも、そういえば自分にもそんなことがあったと思わせる文章が一般に余情を発生させやすいという。

秋、森の夕暮れ、夜の静けさなどを描いた美しい風景画を思わせる文章が余情を感じさせやすいと具体化する回答もあった。思い出がよみがえるのかもしれない。

その文章に納得する場合より、疑問を感じる場合に余情を意識しやすいという指摘は、得体の知れない奇妙な存在感のある文章が心の奥深くしみこむことと関係するだろう。

内容のまとまりが明確でなく、完結性に欠ける場合に余情を感じやすいという指摘は、そもそも余情というものが作品の内と外とのぼんやりとしたつながり、ある種の持続感を基礎としているから、当然であるとも言える。

作品の内と外とが時間的に隣り合うのは結末の部分だから、小説でも余情と密接に結びつくのは、話の筋や全体の運び、描写の仕方などより、一編のフィナーレであり、特に最後の数行が読者の内面に語りかける文章は激しく余情をかきたてる傾向が強い。

余情の技術

どのような書き方をすると余情感を誘いやすくなるか、言語技術の面で探ってみよう。

第一は倒置表現である。語順が逆転して非慣用的な語連続が生じ、その間の論理的な隙間が余情を呼びこむのだろう。芥川龍之介の作品に見られるように、その倒置が作品の末尾で起こると、見かけ上の省略感が極度の余情を発揮するが、それが鼻につくと逆効果となる。

第二は、表現の〈間〉を直接指示するリーダーやダッシュのような空白の記号だろう。視覚的にも空隙を醸成して余情感を誘いだす強力な手段となるが、連発して〈間〉を強引に押しつける印象を与えては逆効果となる。濫用を厳に慎むべき危険な修辞と心得たい。

第三は、用語の面で、同じ語をくり返し用いること、同じ意味をさすのに別々の語を用いること、という対立する手段が、不思議なことにともに有効だという指摘もある。前者は、反復使用によって浮き出た語とその周囲との凹凸が奥行を感じさせるような気がする。後者は、それぞれの語がその場で指示する意味は同じでも、多義語である各語のそれ以外の意味が複雑に響き合い、情報の輪郭をぼかす作用があるのかもしれない。

第四は、文展開の速度である。縷々《るる》述べ立てるより、俳句的な隙間だらけの文のほうが余情が生じやすいようだ。間延びしない程度にゆったりとしたテンポで進む文が効果的に思われる。余情の生成には、時の移ろいをしみじみを感じる間合いが必要なのだろう。

第五は、叙述態度である。熱っぽく述べ立てる文章より、クールなタッチの文章のほうが余情が出やすい。前者が伝達情報とともにそれに対する筆者の感情をも表現しやすいのに対し、後者は事柄中心の述べ方であり、その細部や周囲、それに対する書き手の気持ちなどは読み手の想像に委ねられるため、言内と言外、作品の内と外との二枚のタブローの間におのずと生じる非連続感が、余情という心理的効果を実現させやすいのだろう。

第六として、すべてを語り尽くしたという完結感を回避することをあげたい。余情は、そこに言語化されなかった何かの存在を感じとるところから生まれるからだ。具体的な手段としては、省略表現や間接表現、比喩表現などが効果的だと考えられる。

余情の実際

余情調査の一部として、一〇人の作家の小説各一編の冒頭または末尾の文章から、内容のまとまった一節、約四〇〇～一〇〇〇字の文章を抜き出し、それぞれどの程度の余情を感じるか、アンケートを実施した。余情を「まったく感じない」場合に×印、「少し感じる」場合に△印、「かなり感じる」場合に〇印を付けるよう指示し、三段階の判定を求めた。

その結果から、各段階の回答者の割合をパーセントで表した数値をもとに、×印に〇点、△印に〇・五点、〇印に一点を与え、文例ごとに余情得点を算出してみた。たとえば、全員が「余情をかなり感じる」と判定した場合に計一〇〇点となり、全員が「余情を少し感じる」と回答したり、「かなり感じる」と「まったく感じない」と判定した人数が同数だったりした場合に五〇点となり、全員が「まったく感じない」と判定した場合に〇点となる。

その結果、一〇作品のうち、余情得点が七〇を超えたのは、辻邦生『旅の終り』（八四・三）、安岡章太郎『海辺《かいへん》の光景』（七四・九）、石川淳『紫苑《しおん》物語』（七二・〇）のそれぞれ結びと、阿部昭『大いなる日』（七〇・五）の冒頭の四編であった。調査に用いた文章のうち、余情得点の圧倒的に高かった辻邦生『旅の終り』の結びの文章を鑑賞してみよう。


「死んだのは若い男女で、何か毒薬で自殺したんです」妻が日本語で彼の言葉をくりかえした。

私はジュゼッペの顔をみた。「イタリアで……？」私は思わずいった。彼は敏感にさとって肩をすくめた。

「愛してたんでしょうが……よくあることです」

私たちはその夜、一晩じゅう雨の音をきいていたように思う。妻は蒼《あお》い顔をし、どうしても一人では寝られないといった。しかし妻が私のベッドで寝息をたててからも、私は眠ることができなかった。

どのくらいたった頃だろうか、私はそっと起きて、窓をあけ、外を見た。雨はまだ降りしきり、街頭の光のなかで、雨脚がしぶきをたてていた。雨につつまれた町は死にたえたように静まりかえり、事件のあった家も闇のなかでひっそりしていた。さっきの騒ぎはうそのようだった。しかしかえって、この雨にうたれた空虚な闇が、私に、最後にここまできた若い男女のことを考えさせた。なぜかこの二人が死んだことが、私には、安らかな、ある悲劇の終末のような気がした。そこに空虚と沈黙と同時に、果しない休息もあるような気がした。「こんな静かな町で、誰にも知られず、野心もなく、暮してみてもいいわね」妻がそういったときの気持が、私のなかに、雨のしずくのように、流れこんでくるようだった。その妻は蒼《あお》ざめて、いまは静かにねむっている。おそらくあんな事件を眠りのなかまでは持ちこむまい。私は、妻のほうを見たが、暗い部屋のなかで、そのかげを見わけることもできなかった。

果してここに止まることは、やすらかさのなかへの休息なのであろうか。歴史もなく、歴史に鞭《むち》うたれることもなく……。ジュゼッペ一家のように？

私は暗い人気のない通りに雨の降りしきるのを見つめながら考えつづけた。おそらく私たちは明日午後の列車で町をたつだろう、何一つ未練なく……。そして五年後には、ジュゼッペのことも忘れるだろう。おそらくこの小さな事件のことも……。にもかかわらず私はこの町にとどまりたい激しい衝動を感じた。これは一瞬ふれあい、また永遠に離れていってしまう何かである気がした。「シラクサの僭主《せんしゅ》ディオニュシオスは……」私は思わずそうつぶやき、街燈《がいとう》の光のなかにしぶく雨脚を、ながいこと見つめていた。

これが多くの若人からきわだって余情を感じると判定された文章である。いったいこのうちのどういう表現がそのような情感を引き起こすのだろうか。具体的に探ってみよう。

もっとも有効だったのは題材に〈雨〉を持ち込み、その外界の自然現象を人物の内面にまでしみこませる筆致だろう。街燈の明かりに照らされた雨が、主人公の物思いにふける姿を映し出して降りしきる。「妻がそういったときの気持が、私のなかに、雨のしずくのように、流れこんでくるようだった」という比喩表現にも注目したい。時代錯誤のようなことさえなければ、どこからイメージを借りてもまったく自由な比喩表現において、あえて作品場面から〈雨〉を喩《たと》えに導入することにより、そのイメージの冷たさと潤いが、いわば被写体としての「私」の内面にまでしみこむこととなった。「雨脚がしぶきをたてていた」から「雨につつまれた町は死にたえたように静まりかえり」へと展開し、読者は雨の激しさが主人公の悲しみを象徴しているように感じる。そのため、「雨にうたれた空虚な闇」という表現も単なる空間的な事実を超えて、心理的な存在として読者の内面にしみこむのだ。

次に、そのような外界と内面との融合が働いて、いわば〈景〉と〈情〉との一体化が促進される点を指摘しておこう。「この町にとどまりたい激しい衝動を感じた」から「一瞬ふれあい、また永遠に離れていってしまう何かである」への展開にも、現実との接触を、それがもたらす衝撃という内面の事実として伝えるという表現の間接性が認められる。そういう表現機構もまた、読者の心の中でイメージの広がりやすい土壌をつくっているのだろう。

旅を舞台にして人生を語っているという点も、余情との関連で見逃せない。旅は出会いと別れの連続である。井伏鱒二邸訪問の際に、漢詩の厳しさを排し、「七七調の土俗趣味にした。あれは安来節で唄えますよ、櫓《やぐら》の上で」と当人の語った、あの「ハナニアラシノタトエモアルゾ／「サヨナラ」ダケガ人生ダ」という井伏のいわば肌色の漢詩訳を例に出すまでもなく、人生もまた、出会いと別れのくりかえしである。その意味で、旅は人生に似、人生は旅に似る。そうでなくとも感傷的な気分のきざしやすい旅路の果てに、ふと垣間《かいま》見た見知らぬ二つの命の終わり——底を流れる旅と人生という二つの映像の遠近感が文章の奥行を感じさせ、それが嫋々《じょうじょう》たる余情を誘いだすのだろう。

表現技術の面に踏み込めば、効果的に余情感を誘いだす非限定の表現の働きをあげることができる。「空虚な闇」という〝象徴的な表現〟もその一つだ。「ある悲劇」という〝不定の指示〟があり、「何か毒薬で」「永遠に離れていってしまう何か」という〝非限定の表現〟があり、「なぜか」「どのくらい」と始まる〝未解決の叙述〟や、「見わけることもできなかった」という〝不確定の記述〟もある。「イタリアで……?」「……頃だろうか」「……休息なのであろうか」「……のように?」という疑問の形がしばしば現れ、「おそらく……」の連発で推量を重ねる。さらには、「ように思う」「ようだった」「ような気がした」「だろう」と〝断定を避けて文を結ぶ〟例も頻出する。断定を避けて含みをもたせるのだ。読者の想像力を刺激するこのような表現が余情感を呼び起こすきっかけとなることは間違いない。

てっとり早く余情感を誘う手段として、空白を意味する記号であるリーダーを、引用した範囲だけで六回も使用している事実も無視できない。「……」という記号は、そこに来るべきことばを省略した際にも用いられるが、多くは、その場の重苦しい空気のせいで、ことばを中断したり言いよどんだりする、息の詰まりそうな沈黙のけはいを伝えてくるようだ。読者はそれを作者の息づかいと聞き、そこに感情の動きを読みとろうとする。

最後に、「私」の、ひいては作者の、深い思い入れが伝わってくる文章になっている事実を指摘しておきたい。読者はいつか、「どのくらいたった頃だろうか、私はそっと起きて、窓をあけ、外を見た」という文の伝える「私」の動作を、自分がイメージの中でなぞっていることに気づくかもしれない。「私は思わずそうつぶやき、街燈の光のなかにしぶく雨脚を、ながいこと見つめていた」という最後の一文は、なおさらそういう気分に誘う。「私」という一人称で述べながら、その主人公自身の行動を「見つめていた」と過去形で記すことにより、語り手であったはずの「私」は「見つめられる」対象の位置へと後退する。それまで感じ考えていた「私」が遠ざかるにつれて、読者の物思う気持ちが広がってくることだろう。

2　日本語の四季

日本人の季節感

四季の違いがはっきりしたこの島に住む日本人は、昔から季節感というものを大事にしてきた。暦の上で立春と知って周囲を眺めると、景色がどことなく春めいて見える。ぼんやりと感じられる、そんな季節の移ろいを、小林一茶は「ちぐはぐの下駄から春は立ちにけり」と奇妙なところから感じとった。どことなく左右つりあいのとれない粗末な下駄に春のけはいが漂う。「季節感」と呼んでいるものの正体は、眼や耳や鼻の微妙な働き、繊細な肌の感覚などによって、それとなく意識する、ささやかな発見であるような気がする。

詩人の長田弘はエッセイに「季節は街に、和菓子屋の店先から来る」と記した。店の硝子戸《ガラスど》に新しい菓子の名を筆で書いて貼ってあるのを見ると、「ああ、季節が変わった」と思うというのだ。なるほど「うぐいす餅」「若鮎《わかあゆ》」「水ようかん」「お萩《はぎ》」「切山椒《きりざんしょ》」などと書いた貼り紙に、この国の人びとはそれぞれの季節を感じてきたように思われる。

季節ごとに変わる山の表情を、日本人は人間にひきつけてとらえてきた。早春の草木が芽吹いて潤い、春の陽《ひ》を浴びて山全体が明るく生き生きと見える姿を、山がほほえみを浮かべているようだと見立て、春は「山笑う」と淡い色っぽさを添えた。青葉が一面に広がる夏の山を「山滴る」ととらえた。万物に潤いが満ちて雫《しずく》となって滴りそうだという瑞々《みずみず》しいイメージである。濃淡はあっても緑一色だった草木の葉が、あるいは赤く、あるいは黄色く色づき、全山が麗しく彩られる姿を、人が美しい衣装を身にまとうイメージで、秋は「山粧《よそ》う」ととらえた。「よそおう」「けわう」とも読むようだ。そうして、草や木も活動をやめ、やがて来る春に備えて静かに休む時期である冬は「山眠る」となる。

暮れに向かって進んで来た時の流れは、やがて年の瀬を越えて新しい年へと流れ入る。その一直線に貫く力強い時の流れに、高浜虚子は逞《たくま》しい一本の棒をイメージし、「去年今年《こぞことし》貫く棒の如きもの」と詠んだ。自分は今、時の流れの真《ま》っ只中《ただなか》に立っているという実感だ。

行く年を送り、来る年を迎え、初詣でを済ませると、日本人は何もかも新しくなったような気分になる。去年と同じ発光体から届いても、その年になって初めて差しこむ光と考えるとめでたい気持ちになり、元日の曙《あけぼの》の光を「初光」、朝日を「初日影」と美化し、珍重する。そういう気分で迎える正月の空は「初空」となる。小林一茶は「壁の穴や我初空もうつくしき」と詠んだ。貧乏暮らしの象徴としてわざわざ「壁の穴」を持ち出し、そこから眺めるわが家の初空も捨てたものではないと、ちょいとひねくれてみせた一句だろう。

元日のその初空が晴れれば「初晴れ」、風が吹けば「初風」、その風が収まれば「初凪《はつなぎ》」だ。その年初めて聞こえて来る鳥の鳴き声が「初音《はつね》」、それが鶯《うぐいす》なら「初鶯」となる。正月に見える富士山は「初富士」、新年らしい風景は「初景色」として特別の思いを寄せた。「初湯」「初旅」

から「初便り」もある。女性は「初鏡」で「初化粧」をし、「初髪」を結う。「初夢を話しゐる間に忘れけり」という星野立子の句が「初笑い」で済めばめでたい。

茨木のり子は『見えない配達夫』という詩で、日本の四季を、「三月　桃の花はひらき　五月藤の花々はいっせいに乱れ　九月　葡萄《ぶどう》の棚に葡萄は重く　十一月　青い蜜柑《みかん》は熟れはじめる」と、開花の春、結実の秋というイメージにまとめている。

春のひかり

春が開花の季節なら、日本の春は梅に始まり、桜や桃でたけなわとなる。梅の花が一輪咲き出したのに気づき、そういえば今日はこころもち暖かく感じられると詠んだ服部嵐雪の「梅一輪一輪ほどの暖かさ」の句は、現代人の感覚にもそのまま通じるように思う。

与謝野晶子の「清水《きよみず》へ祇園《ぎおん》をよぎる桜月夜こよひ逢《あ》ふ人みなうつくしき」という一首も、桜ならではの夜景だろう。「願はくは花の下にて春死なむ」という西行の思いもわかる。桜の花は散りぎわも美しいが、それは一つの命の終わりであるだけに見送る側にも哀愁が漂う。江戸中期の俳人加舎白雄《かやしらお》に「人恋し灯《ひ》ともしごろをさくらちる」という句があり、落花の風情を一日の終わりにあたる「灯ともしごろ」と結びつけ、人恋しい哀感を誘う。

単に「花見」と言って桜見物をさし、その時期を「花時」と呼ぶ。すっきりと晴れないどんよりとした薄曇の空が続くのを、花を誘いだす「花曇」と考える。「茹《ゆ》で卵むけばかがやく花曇」

という中村汀女《ていじょ》の句は、鈍い感じの白である殻を剝《む》くと、中から艶々と光る白身が姿を現し、花曇の空に一点の明るさを投じたという、感覚的な発見が新鮮である。その時期の肌寒い日々を「花冷え」と呼び、花見の晴れ着を「花ごろも」と特別の感懐を寄せる。この季節にとれる、産卵のため湾内に集まる真鯛《まだい》は「桜鯛」として珍重する。

「春の苑《その》紅にほふ桃の花下照る道に出で立つ乙女」という大伴家持の一首を思い浮かべる教養人もあるだろうが、山野三郎ことサトウハチローの作詞になる『うれしいひな祭り』の「あかりをつけましょ　ぼんぼりに／お花をあげましょ　桃の花」を口ずさむ現代人のほうが今はずっと多い。もっとも、現代の暦では桃の節句に桃の花はまだ咲かない。

春は日が長い。それだけに夜が短く、あっけなく明ける。暖かさが増して心地よく眠りこみ、まさに「春眠暁を覚えず」の季節だ。酩酊《めいてい》をもじった漱石の『吾輩は猫である』に登場する迷亭先生とは別人らしい、明亭と名乗る俳人同様の素人に、「女房のひたひまばゆき朝寝かな」という句があるらしい。建て付けの悪い雨戸の隙間から春の朝日がもぐりこみ、まぶしいほど額を照らしても一向に目の覚めそうにない妻に呆《あき》れながら、ふといとしく思ったのかもしれない。

漢語の「永日」を和語で「日永《ひなが》」と呼び、季語とする。『永日小品』を書いた夏目漱石に「永き日や欠伸《あくび》うつして別れ行く」という句がある。誰かが欠伸をすると、なぜか別の誰かがそれに誘われるように欠伸をする。そんな不思議な現象を〝感染〟に見立てた滑稽な作だ。

「かすみ立つ長き春日をこどもらと手まりつきつつこの日暮らしつ」という良寛のよく知られ

た一首からも、そんな永日ののんびりとした情感が伝わってくる。もっとも、それは春のぬくもりを感じさせる「霞《かすみ》」だからであって、これが秋の冷気を感じさせる「霧」だったら、さすがの良寛さんもとてもそんな気にはならないだろう。この同じ自然現象を、春の宵にはまた「おぼろ」と呼び分ける。霞むような朧月夜《おぼろづきよ》は春特有の景観である。

こんなふうに、日本語は気分に左右される。「長閑《のどか》さや出支度すれば女客」という素丸の句は、こののどかな春の日永、しばらく話し込まれそうな予感がしていささか当惑気味の感じがよく出ていておかしい。「うららかや猫にものいふ妻のこゑ」という日野草城の句も、春の「うららか」がもたらす雰囲気であり、他の季節ではしっくりとなじまない。

「春雨」は濡《ぬ》れて歩く気になり、「春風」はそよそよと肌に心地よい。どちらも伝統的に春のやわらかいイメージを秘めている。「春の水」も「春の海」も単なる水や海とは違う。風に揺らぐ風景のまばゆさを日本人が「風光る」と感じるのも春の明るさのせいだろう。

例の明亭の「ふるさとの酒に障子の春めきて」という駄句に、茅村《ぼうそん》なる同時代の俳人が酒の肴《さかな》に脇を仕《つかまつ》るとて、「ふきの芽とりに背戸の細道」という脇句を添えたと伝えられる。

夏のみどり

春の風を視覚的に「光る」と感じた日本人は、旧暦の五月ごろ新緑の中を渡って来る爽やかな初夏の南風を「風薫る」と表現し、若葉とともに今度は嗅覚的にとらえて季節感を伝えた。「緑陰」という近代の季語は、緑したたる木立や、木洩《こも》れ日の織りなす縞《しま》模様をイメージさせ、明るく爽やかな印象を与える。この季節の走りの鰹《かつお》を意味する「初鰹」や、新芽を摘んだ「新茶」も、今なお珍重されている。

きっと驚いたのだろう、室生犀星は「わらんべの洟《はな》にわかばを映しけり」という句を詠んだ。これには読む側も思わずはっとする。ふと子供の顔を見ると、鼻の下に垂れている洟水に、背景の若葉が映っていることに気づいたのだ。美と醜との偶然のめぐりあい、自然と人間との一瞬のかかわりをとらえた小さな発見が心にくいばかりだ。

初夏に飛来する「ほととぎす」も夏の風物詩として昔から和歌の題材となった。漱石に「時《ほとと》鳥《ぎす》厠《かわや》半ばに出かねたり」という一句がある。ほととぎすらしい鳴き声が聞こえるが、あいにく用を足しているところで、すぐ外に出るわけにはいかない、そんな句意だが、「時鳥」に「厠」という、これも美と醜との取り合わせがにくい。しかも、園遊会か何かの誘いを受けた際に断りに用いた一句だと聞けば、なおさら俳味が増す。

旧暦の五月は今の六月ごろにあたるから、五月の雨と書く「さみだれ」は夏の季語となる。要するに梅雨のことだが、ことばの響きは風流な感じで、「さつき雨」も同様だ。「五月雨をあつめて早し最上川」という芭蕉の句は、最初「涼し」という挨拶の句だったのを、舟下りを体験してスリルを味わったその実感から「早し」としたものらしい。

その梅雨の晴れ間が「五月《さつき》晴れ」だったようだ。加藤千代子の「かしは手の二つ目は澄み五月晴れ」という微妙な感覚の現代の句にも、そんな季節感が流れているかもしれない。

うっとうしい梅雨空が切れて青い空の広がったうれしさ、すがすがしさ――そういう晴れ晴れとした悦《よろこ》びを乗せて、昔の鯉《こい》のぼりは風にはためいたのだろう。ひと月早く新緑の風に泳ぐ現代の鯉のぼりも、端午の節句の武者人形とともに、子に恵まれた親の幸せに感謝し、その子の将来の夢をこめて、この季節の風物詩となっている。サトウハチローの詩『母とボクと鯉のぼり』に、「わが家の庭の　鯉のぼり／むかしとおなじに　およぎます／ボクが大きくなったのが／ちょっぴりさびしい　母でした」とある。子供の健やかな成長を願っていながら、やがて巣立って自分から離れてゆく淋《さび》しさ、母親のそういう矛盾を抱えた気持ちを、ハチローは「ちょっぴり」と心やさしく描き出して、読者を黙らせる。

生い茂った夏草が炎天の日差しに暖められ、むせ返るような匂いを発すると、それを「草いきれ」と呼んで季語とする。陸と海との温度差で昼は海風、夜は陸風が吹き、それが入れ替わる時間帯は空気の流れが止まる。それが「朝凪《あさなぎ》」「夕凪」である。風が絶えてじりじりと蒸し暑い天候を「油照り」と呼ぶ。炎天の猛暑とは違い、脂汗がにじみ出てじっとりと肌にまつわりつく不快な暑さだ。

表通りを通り抜ける涼しい風がなかなかたどり着けないほどに曲がりくねった路地の奥、その長屋住まいを小林一茶は「涼風の曲がりくねって来たりけり」と詠んでいる。どん詰まりのわが家にも風がやっと到着したとひねくれてみせた趣向が笑いを誘う。あの明亭には「穴の犬わづか尾を振る暑さかな」という奇妙な句があるようだ。ビーグル犬が習性で穴を掘って涼を求めたのだろう。暑さにぐったりしながら、それでも恩義を感じて主人を迎えようとする犬のけなげさが伝わって笑いが潤む。

動くのも大儀などうにも耐えがたい暑さを少しでもやわらげようと夕方に水を撒《ま》く。これを「打ち水」と呼ぶと、ことばだけでもいくぶんしのぎやすくなる。

蒸し暑い日本の夏をいくらかでも涼しく過ごそうと、間仕切りの襖《ふすま》や障子を取り払い、入口に簾《すだれ》や暖簾《のれん》を掛けたりして風通しをよくする。そういう部屋を「夏座敷」、夏向きの装いをこらした家を「夏館《なつやかた》」と呼んでいる。夏の夕方など、庭に面した座敷の縁端《えんばな》近くに出て涼を求めてくつろぐことを「端居《はしい》」と言う。どれも気分的なゆとりを演出する絶妙の遊び心だ。星野立子に「端居して明日逢《あ》う人を思ひけり」というちょっと気になる句がある。

秋澄む

「秋来ぬと目にはさやかに見えねども風の音にぞおどろかれぬる」という藤原敏行の一首を引くまでもなく、秋には秋らしい風が吹く。川端康成の『山の音』に「八月の十日前だが、虫が鳴いている」という一文があるように、そのあたりが立秋で、虫の音は秋の季節感を運んでくる。その後まで残る暑さが「残暑」で、秋の季語となっている。そこを過ぎると、外気がひんやりと感じられ、「秋冷」と呼ぶ。晴れた日の朝、身の引き締まるように感じる冷えが「朝寒《あささむ》」、日中との温度差が大きくひとしお身にしみる夜の寒さが「夜寒《よさむ》」で、冬に向かう心細さも加わって何かわびしい。「ふるさとの酒二本目の夜寒かな」と、いかにも素人らしく数字をあしらった明亭の句があると聞く。いつもは徳利一本で盃《さかずき》を伏せる晩酌だが、今晩はめっきり冷える、さいわい田舎の酒もあることだし、もう一本もらおうかというのだろう。どの季節でも郷里の酒とくると眼のない人らしい。

七夕の行事はもともと陰暦の七月七日の夜だったから、当時はもう秋だったわけで、現代人の感覚とはずれる。旅の芭蕉が「荒海や佐渡に横たふ天の川」と詠んだのも、順徳天皇や日蓮も流されたあの島で、流人はどんな気持ちで天の川を眺めたことかと、秋のしみじみとした風を感じながら思いやったことになる。あの一茶は「うつくしや障子の穴の天の川」と、例によって、わざわざ破れ障子からのぞき見える星空を讃美する形で、自らの貧しい暮らしを楽しんでみせた。天の川も秋の情緒だったが、今は月と紅葉が代表的だ。

「紅葉して岩湯に老の貌《かお》ひとつ」という山口草堂の句がある。山の緑が赤く黄色く染まり、華やかな彩りを見せて散り落ちる。秋は凋落《ちょうらく》の季節でもある。その最後の輝きを眺めながら岩湯にひとり身を沈めている静かなひとときだ。華やぐ木々の色っぽさと対照的に、皺《しわ》だらけの男の顔が一つ、と自然の側から自己を凝視しているような一服の絵に見える。

井伏鱒二の『厄除《やくよ》け詩集』に『逸題』という詩があり、「今宵は仲秋の明月」と始まる。「仲秋」は秋の半ばをさし、「明月」は明るく澄みわたった月の意だから、秋のいい月夜の晩ということになるが、陰暦八月十五日の中秋の名月も含まれる。それをなぜか「初恋を偲《しわ》ぶ夜」と承《う》けて、遠い人をしみじみ思い出す風情をかもしだす。が、そこは井伏のこと、「われら万障くりあわせ／よしの屋で独り酒をのむ」と展開させ、涙を笑いにすりかえる。

天候次第で名月が姿を現さないこともある。雲に覆われるのを「無月」、雨の場合は「雨月」と呼ぶ。例の明亭に「酒器替へてひと言もなき雨月かな」という句があるそうだ。とっておきの酒器を持ち出して月見の宴を楽しみにしていたら、あいにくの雨。憮然《ぶぜん》たる面持ちが目に浮かんでくる。

寒くて暗い冬に向かうだけに、過ぎてゆく秋を惜しむ気持ちは強い。佐佐木信綱の「ゆく秋の大和の国の薬師寺の塔の上なる一ひらの雲」という有名な一首の「ゆく秋」もそれだ。「行く」という日本語の動詞は、自分から離れて遠ざかる動きに対応し、「逝く」と漢字を宛てて、その季節が去るのを惜しむ気持ちを強調する。澄みきった秋空に浮かぶ一片の雲を追って、暮秋という時のなかを、大和の国から薬師寺へ、そしてその塔へと焦点をしぼる雄大な構図だ。作者の心ははるかな白鳳《はくほう》時代の面影を偲《しの》んでいたかもしれない。

冬冴《さ》ゆる

不規則に断続的に降る細かい雨をさす「時雨《しぐれ》」は晩秋から初冬にかけて降るが、冬の到来を告げるように最初に降るのを「初しぐれ」と呼ぶ。初物を珍しがっているような心の華やぎが感じられる。その季節に吹く強風を「木枯らし」と呼ぶ。芥川龍之介に「木がらしや目刺にのこる海の色」という句があるのにはっとする。微《かす》かな青から、それが生きて泳いでいた海を想像し、庶民の暮らしに一片の郷愁をなげかけるのだ。

霜が降りて草が枯れ、虫の音も絶える「枯野」は冬の野原だ。与謝蕪村に「大とこの糞《まり》ひりおはす枯野かな」という雄大な句がある。草陰もない広大な枯野で悠然と用を足す高徳の僧を点景とした一幅の風景画で、並の人間では絵にならない。「引導の偈《げ》を案じつつ股火鉢」という河野静雲の句もあるという。生臭坊主か高僧か、ありがたいお経と無作法な股火鉢との極度のアンバランスという奇行が、季節感に趣を添えている。「御仏《みほとけ》の御鼻《おはな》の先へつららかな」という一茶の写生の句も、思いがけない聖と俗とを結びつけて興じている。

「降る雪や明治は遠くなりにけり」という中村草田男の一句はよく知られている。たまたま青山南町の母校の前を通りかかったら小学生が走って出て来た。見ると黒い外套《がいとう》に金ボタンが光っている。自分が通っていた頃の黒い絣《かすり》の着物ではない。明治という時代が遠く過ぎ去ったことを実感した一瞬だったらしい。

室生犀星は本名照道、加賀藩士小畠弥左衛門吉種と女中ハルとの間に生まれたが、体面上、雨宝院に預けられ、その住職室生真乗と内縁の妻赤井ハツとの私生児として届けられた。のちに真乗の養子となって室生姓を名のったという。そういう出生の秘密を知って読むと、「雪がふると子守唄がきこえる」と始まる『子守唄』と題する詩がひとしお哀れをそそる。母というものを知らず、子守唄など聞いた記憶のない自分だが、「不思議に／雪のふる日は聴《きこ》える／どこできいたこともない唄がきこえる」と結ばれ、しばし読者はことばを失う。

その犀星は故郷の金沢から後輩の作家堀辰雄に宛てて「来たいと思ったら何時《いつ》でも来たまえ、汽車賃だけ持って来たまえ、落葉の下から水仙が伸びている古い町だ」と書き送った。思いやりと季節感、町の雰囲気を鮮やかに掬《すく》いとった一編の詩を思わせる一葉である。

北国生まれなのか、例の明亭に「ひたと熄《や》んで樹氷に夢の舞ふ夜かな」という気どった句もあるらしい。吹いていた風がぴたっと収まった時の幻想かもしれない。

「湯ざめして急に何かを思ひつく」という加倉井秋をの句がある。くしゃみをしたとたんに考えていたことを忘れるのならありそうだが、これはその逆。背中のぞくっとする感じがきっかけとなり、日頃は忘れていた何かに思いあたったのかもしれない。

阿部みどり女に「九十の端《はした》を忘れ春を待つ」という恍惚《こうこつ》とした句がある。九十歳を越えた老人が自分の正確な年齢がわからなくなる。そこでいらいらしたり不安になったりしては長生きできない。そんなことより春が待ち遠しいと達観する、実におおらかな句で、思わず口もとがほころびる。

3　ユーモアのセンス

信じられない偶然

小沼丹は英国滞在の体験をもとに『倫敦《ロンドン》の屑屋《くずや》』その他の随筆を発表し、その後、同じ素材を創作的長編エッセイ『椋鳥日記《むくどりにっき》』に仕立てた。当時の手控えを拝借し、雑事の記録がどんなふうに飄逸《ひょういつ》の文学に変身するのかを探ってみた。すると、単に「男」とあったのが「頭の禿《は》げた小肥りの親爺《おやじ》」に、「異様な声」が「頓狂な声」に小説化され、それが勝手に「屑屋お払い」と訳されているから、ははーんと合点がいった。こうなると、言葉の力は馬鹿にできない。

『名文』という著書でこの作家の『懐中時計』を取り上げた当時は一面識もなく、のちに同じ早稲田出身の早大教授と知って研究室に挨拶に伺った時が初対面だった。『登高』という随筆を読んで誕生日が同じ九月九日であることは知っていたが、手控えをぱらぱらめくってそれ以外にも意外な縁があるのにびっくりした。武蔵野市在住のこの作家は、小金井市在住の当方と同じく、時には三鷹の紅宝楼で中華料理を食し、吉祥寺の江部歯科に通い、なんと銀座のテーラー石川でスーツをオーダーしていたらしいのだ。

没後に夫婦で小沼家を訪問し、奥様と雑談していたら、李香蘭《りこうらん》こと山口淑子も同船していたと愚妻（ここは高田保と同様「いとしの」という気持ちをこめてそう呼ぼう）が鼻の穴をふくらますその船かどうかは知らないが、やはり同じ時期に中国から引き揚げて来たという話になって盛り上がった。のみならず、何かの拍子で二人の誕生日がともに一月二十一日と判明。むろん、どちらも生まれた年は違うが、夫婦どうしがそろって同じ誕生日なのだから驚く。

「先生と話して居れば小春かな」という一見何ということもない句があるが、寺田寅彦の作と知ると、「先生」は漱石ということになり、明治時代のある小春日和の一日、師弟の今から見ると贅沢《ぜいたく》な時間が流れたことがわかって羨ましい。弟子の寅彦が先生の寿司《すし》の食い方をまね、同じ胃潰瘍になったことを運命づけて考えたように、小沼夫妻とのこれらの共通点も、似ていない部分には目をつぶり、敬愛する作家との縁ばかり探した結果なのかもしれない。人間の愚かさにはちがいないが、揚げ句の果てに、小沼邸の敷地がわが家と同じ地形でまったく同じ坪数と知った時には呆《あき》れて笑い出した。偶然もここまで来ると神秘的で無性に可笑《おか》しい。

エスプリの奥の素顔

味わいのある文章を書くための資質としてもっとも重要なのは、ひょっとするとエスプリに鋭く反応し、ヒューマーにどっぷりとひたる、その人のユーモア感覚なのかもしれない。最後の余白に、そういうセンスの一端を紹介しよう。

高田保のコラム『ブラリひょうたん』中の「主義」という一編にこんな逸話が紹介されている。詩人ゲーテの名声を知ったナポレオンが、縁あって対談の機会が訪れた際に、「英雄ナポレオンに捧ぐ」と副題を付した詩を所望したところ、ゲーテは自分は他人に作品を捧げないことにしていると断ったという。それが主義だと言われれば、さすがの英雄も強要するわけにはいかない。この話は「爽涼の感じ」があり、反骨精神を底に湛《たた》えた軽快なコラムに戦後の日本人は拍手を送った。

しかし、それから何十年も経《た》った今なお新鮮な感じがするのは、反骨とエスプリの魅力だけでなく、そこに息づいている人間味のせいもあるだろう。作者はゲーテがナポレオンから一本取った痛快なエピソードとして終わらせず、ゲーテがある老人に逆に一本取られる話を加える。作品を買いたいのだが改訂版が出るのが気になると言われ、むっとしたゲーテが自分は死ぬまで改訂を続けるといささか声を荒らげると、老人は静かに、それで結構、自分は最終の決定版を買う主義だと応じたという。

これでゲーテは一勝一敗だが、どこか身勝手な人物に見え、話としても教訓じみて面白くない。高田はもう一言添える。これは夜会の席上で当人の口から出た話だから真偽のほどは不明だとし、ナポレオンには無愛想だった詩人も、夜会に集まる婦人には随分サービスしたそうだと書く。人物像はとたんに人間味が溢《あふ》れだすから、文章は不思議なものだ。

井伏鱒二からの宿題

荻窪の天沼教会で井伏鱒二の葬儀があってしばらく経《た》った頃、必要があって、井伏宅を訪問した折の録音を聞きなおしていたら、どうやらあの日、憧れのこの作家から宿題を出されていたらしいとわかり、愕然《がくぜん》とした。もう間に合わないが、数年後の雑誌『日本語学』（明治書院）新年号の巻頭エッセイ「彼と彼女のなれそめは」と題してその答えを提出した。「世間に出たあとで、しまった、こう書きゃよかった、と思ったようなご経験は？」と水を向けると、井伏は『山椒《さんしょう》魚《うお》』が教科書に載ったら、産卵する蝦《えび》を「彼」と書くのはおかしい、「彼女」の間違いではないかと問い合わせが来たが、当時は男でも女でも「彼」でよかったんだと雑誌にちゃんと書いておくように注文を受けていたらしい。しかも、ひらがなで「かれ」と書いて小さく「彼女」と振り漢字をしておけばよかったなどと、その若僧のインタビュアーはなんとあの丸顔の文豪に向かって生意気な口を利いているのである。

調べだすと、この問題はけっこう厄介だ。西欧語の三人称女性代名詞の訳語として「彼女」という字面はかなり早くから見られ、大きな国語辞書には坪内逍遥『当世書生気質』や漱石の『彼岸過迄』などの例が挙がっている。しかし、自筆原稿を底本とした岩波書店の漱石全集で確認すると、たしかに「彼女の態度は」云々《うんぬん》という箇所はあるが、そこにはルビがなく、この作品の初出の箇所には「かのをんな」というルビがついている。印がないから編集部で補ったルビではなく、原稿にあった振り仮名と思われる。つまり、その「彼女」は「かのジョ」ではなく優美な「かのをんな」の漢字表記だったのだ。

井伏が『山椒魚』の原型『幽閉』を発表したのは大正十二年だが、大正八年には親友の青木南八に原稿を見せているから、執筆したのは当人の記憶どおり大正七、八年と推測され、その頃はたしかに男女を問わず「彼」と呼んでいた。ところが、『幽閉』には産卵する蝦が登場しない。その場面は『山椒魚――童話』として発表される昭和四年五月までの間に書かれたと考えざるを得ず、問題は微妙になる。「かのジョ」という語が一般に普及するのは大正年間とされ、井伏が蝦を「彼」と書いた時期には「彼女」という語もある程度広まっていたことになり、大正六年以降の東京暮らしの中で井伏青年も実際耳にしていたかもしれない。

筑摩書房の月刊雑誌『言語生活』のシリーズ、作家訪問のこのテープは、「そりゃ要らんよ」という井伏の不機嫌な声で切れている。歌人でもある持田鋼一郎編集長が「まことに少額で恐縮ですけど」と、インタビューの謝礼を差し出した瞬間の反応だ。それを遠慮と誤解した持田との間で二、三回押し問答があった。その間に井伏の表情が次第に険しくなる。「それなら引き受けなければよかった」ということばも出たかもしれない。気配を察して会社側が引き下がったからよかったが、もう少し粘っていたら、このインタビューは世に出なかったような気がする。

一年間にわたる作家訪問の記録を中心に、武者小路実篤・尾崎一雄・円地文子・永井龍男・小林秀雄・大岡昇平・吉行淳之介・庄野潤三らの肉声を載せて、『作家の文体』と題する単行本となるのだが、その表紙カバーに、訪問した作家たちの原稿をちりばめて文学的雰囲気を演出する案が持ち上がった折、インタビューを受けたことを覚えていないという信じがたい理由で断られ、井伏の文字だけが漏れている。

ところが、それからほどなく、当時の勤務先である国立国語研究所に中央公論社の文芸誌『海』の編集長から電話があり、井伏作品『珍品堂主人』が中公文庫に入ることになったので作品解説を書けと言う。しかも、井伏先生直々の御指名だからゆめゆめ断らないようにとのことで、思わず耳を疑った。受けた記憶のないインタビューを突如思い出したらしい。作中の虚実皮膜《きょじつひまく》の笑いを骨身にしみて感じたのは、その頃からかもしれない。

小沼丹の小説『埴輪《はにわ》の馬』のモデルとなった埴輪の馬が、縁あって我が家の座敷の床の間に鎮座し、その斜め上方に井伏鱒二の詩『紙凧《かみだこ》』の色紙が掲げてある。原詩の「舞ひあがる」がなぜか「舞ひ狂ふ」となっている。じっと眺めていると、どこかお地蔵さんの雰囲気をまとった井伏鱒二という存在そのものがだんだん文学に見えてくるから不思議である。

浅酌微吟

作家の十和田操が朝日新聞出版局に勤務していた頃、敬愛する福原麟太郎に英文学の著作を依頼し、根気よく足を運んで三年がかりで四五〇枚という長編を脱稿したらしい。福原はそれを「随筆的訪問」と呼び、「友情のたまものというのは、こういうものであろうかと、折しも庭に咲き誇っている桃の花を眺めながら、感慨に耽《ふけ》る」。

その翌々年の夏、福原は英国政府の招待で河上徹太郎や吉田健一らとともに「夜は綿の如く疲れて風呂へも入らずにねてしまう」ほど日程の詰まった旅に出る。その出発間際に十和田が自分の名刺をテムズ川に流してくれと頼みごとをしたらしい。一生のうちに英国を訪ねる機会などありそうにないから、ラムの愛したロンドンに敬意を表すためだという。

随筆『英京七日』によれば、「議事堂の建物を仰ぎ、ウェストミンスター橋の欄干によって、しばらくテムズの川波を見ていた」福原は、「ポケットから、その名刺を出して、水の上へ落した。名刺は、ひらひらと舞い、川風にゆられて、なかなか水にとどかない。実に美しく飛行しながら、やっと波の上に身をまかせた」と書いている。そのあとも、しばらく行方を追っていたらしい。名刺の最期を見届けようとするかのごとく、目を凝らす福原の視線がとらえた風景を描いた一節である。

一九世紀の文人チャールズ・ラムの生地とゆかりの街を訪ねて温雅な人生のかおりを偲《しの》ぶ庄野潤三の長編紀行『陽気なクラウン・オフィス・ロウ』によれば、「ウェストミンスターにあるホテルからひとりで歩いて来た福原さんが、暫《しばら》く川波を見ていて、やがてポケットから取り出した一枚の名刺を落したのはどの辺だろうか」と探したという。人と人との美しいいとなみを、庄野もまた、軽く酒を酌み交わしつつ静かに語らい、時に小声で口ずさむ、そんな浅酌微吟の福原の文体にも通う、あの素直でふっくらとした筆致で綴《つづ》っている。

チャールズ・ラムの人と文学を愛してやまない日本の文人たちがくりひろげる、いささか大人げないふるまいかもしれない。しかし、純な心の通い合う人のいとなみが、きっと読者の胸にほのぼのとした潤いを広げることだろう。

終章　表現の奥に映る人影

人生の風景

芸術的なメッセージは、音響や色彩や文字といった感覚的実在から発せられ、受容者にじかに伝わってくる、けっしてそういうものではない。文学とことば自体との関係も同様だ。そういう物理的な実体の奥で、その音楽や絵画の創り手の魂に一瞬ふれる、そういう出逢《であ》いの感動が鑑賞者の心を打つのだろう。文学的な感動もまた、文章という場で作者の心のふるまいにふれた、その一瞬に読者自身のなかで芽生え、全身に広がる。とするなら、作品という言語表現は、やがてそういう美とのめぐり逢《あ》いを可能にするかもしれないイメージを刻んで、感動のきっかけを用意する試みでしかないように思われる。

チェーホフは、小説に筋は要らない、筋のない人生そのものが小説の筋なのだと考えていたらしい。そのチェーホフに染まっていたマンスフィールドも、長い時間をかけて人生を眺めることが芸術家にとって何よりも必要だ、と手紙に記しているそうだ。『短編小説礼讃』でそんな話を紹介する阿部昭自身も、すぐれた文学が読者の心によびおこすのは、これが人生というものかという感動にほかならないと信じていたようだ。感動を地に足のついた筆致でしっかりと描くには、充実した生活体験そのものとともに、それを自分の眼で洞察する力がどうしても欠かせない。

この作家は小説『大いなる日』で、敗戦軍人としてぶざまな戦後を送った父親が、やがて病に冒され、ついに病院の「死者が運び出される専用口から」担架で運び出される折、その姿からこんな事実を発見する。「二つの足首は、生者の場合にはあり得ないと思われる具合に、すなわち、左右の足の甲が思い思いのちぐはぐな角度にねじれて、まったく力なく傾いて」いるのを、抑制の利いた非情の眼で見てとる。父を喪《うしな》ったばかりとは信じられない、作者の冷徹な態度に、読者ははっとすることだろう。

『訣別《けつべつ》』では、ただ、「小雨もよいのその朝、父の遺体は藤沢火葬所の「い」号焼却炉というので、九時半から約五十分かかって処理された」と記録するにとどめる。同じ作者のこういうひんやりとした筆致にも、一瞬どきりとするかもしれない。しかし、その直後、そうやってこの世から消えてゆく事実をしっかりと見つめ、ただそう記すだけで、文面から一切の感情を排除してしまうこの文章の奥を、読者は、その死者の息子である作者の万感の思いが流れていることを知るにちがいない。それもまた、人生の一風景なのだろう。

風情を描きとる

その人らしいものの見方、風景のとらえ方などが、時には詩的な文学空間を構築し、言うに言われぬ風情として、読む人をほのぼのと包み、ぬくもりを感じさせることもある。

サトウハチローは折にふれて、人生の風景をそういう詩人の眼で眺める。そうして、その抒情《じょ じょう》的な観察が、読者に思いがけない風情を伝えることもある。

昔の浅草を語るエッセイ『その頃の宵この頃の夕』に、こんなくだりが出てくる。浅草公園がたそがれかかると、「一番先に暮れて行くのは、仁王門の大提灯のふくらみだった」と書いて改行し、「どういうものかあの大提灯のふくらみからたそがれて行くのだ」と不思議に思いながら、その頃を振り返る。「次に雀色《すずめいろ》になるのは、被官稲荷のならんでいる鳥居の中だ」と続ける。当人が自分で「どういうものか」と書いているとおり、理屈ではうまく説明できないが、ともかくこの詩人にはそう感じられたらしい。

また、『ＡＳＡＫＵＳＡよ、汝《そなた》こそ』という随筆では、「浅草は影の多いところである」と書き、「ニュアンスという言葉はあてはまらない。唯《ただ》、影である」と、ひとしきりその語感の違いにこだわったあとに、こう続ける。「浅草の人ごみの中に、一瞬間ポッンと、残されたように放心したように、立っている人を、僕は何人もみる」と展開し、「それは、その人のせいではない。浅草がなせる業なのである」と言ってのけるのだ。街の雰囲気を、そこに住む人びとが一変させてしまうことが可能なように、住む人もまた、いつかその街に染まってゆく。半信半疑で読んでいた人の気分も次第に詩想に染まってしまう気がする。

含羞《がんしゅう》のおとぼけ

井伏鱒二は小説『鯉《こい》』で、「幾ひきもの鮒《ふな》と幾十ぴきもの鮠《はや》と目高」を従えて王者の如くプールに君臨する、わが「白色の鯉」の姿に涙する形で、その贈り手、若くして逝った親友青木南八への思いを、ことさらわかりにくく描いた。感傷を隠すための含羞のユーモア、それでもなおそこにうっすらと透けて見える心情。この作家はこんなふうにとぼけては、自分の感情をひねった形で表出する。読む側でもとうてい一筋縄ではいかず、理解するのにある程度の年季が要る。

随筆風の小説『点滴』では、分速十五滴をしたたりの基本と考える「私」が、分速四十滴を好む「甲府に疎開していた或る友人」と、パッキングがばかになって水道の蛇口から垂れ落ちる水音をめぐって、二人で無言の対立を続ける。あえて人生のこういう些事《さじ》を描くことで、愛弟子《まなでし》太宰治への、何食わぬ顔の鎮魂歌を残したと言っていい。

古い手帖によると、一九七五年十二月十三日の昼さがり、雑誌の企画で、一行は東京中央線の荻窪駅で下車し、杉並区清水町にある井伏邸を訪問したことになっている。作品を読んだ印象から伝わってくる作者の不思議な体温のせいか、この作家に地蔵のような慈しみを感じ、その日、笑顔で温かく迎えられる図を勝手に思い描いていた。が、玄関に予期したにこやかな顔はなく、座敷の中からも客を迎え入れる明瞭な言語音も聞こえないまま、ただ人のけはいを感じて部屋に足を踏み入れた。炬燵《こたつ》から庭を眺めている風情の主人の後ろ姿は、それでも微動だにせず、依然として来客とは反対側を向いたままだ。

一度も視線を合わせることなく、聞き手を務める関係で、まったくの初対面ながら主人の真向かいに坐《すわ》った。こうして二人がまともに対面すべき客観情勢が整うと、その瞬間、この作家はさっと目をそらし、同行した編集者と軽く会釈を交わす。どうやらそちらは面識があったらしい。これが噂《うわさ》に聞く大仰なはにかみかと、人見知りのひどい赤ん坊をひそかに連想しつつも素知らぬ顔で、ともかく役柄上、早速インタビューに入った。しばらくの間、ぎくしゃくした雰囲気が一場を支配し、どうにも話がうまく流れない。

しばらくして夫人がアップルパイと紅茶を運んで来る。気のせいかそのあたりから、腫れぼったい部屋の空気は見る見るほぐれ、随筆と小説との意識の違いを問うあたりには、炬燵の正面に、それは原稿料の差だとはぐらかす、あのいたずらっぽい笑顔が見えた。それから先は独演会かと思うほど、みずからの文章について、あの丸顔で雄弁に語った。

それから三ヶ月ほど経った翌年の三月五日、同じく作家訪問の企画で、鎌倉の雪ノ下にある永井龍男邸を訪れた。人生の陰翳《いんえい》を深彫りせず、さらりと水彩で描きとる永井作品を、あの井伏鱒二が「はにかみの文学」と評したらしい。なるほど永井文学では、青っぽい人生哲学など、たしかに作品の中にも外にも感じさせないから、そういう批評それ自体はけっして的を外れていない。だが、それを口にしたのが井伏だから、永井としても、選《よ》りに選ってあなたに言われるとは、という気分だったかもしれない。

インタビューを終えて辞去する折、玄関まで見送りに出た永井が、井伏訪問の載った二月号をすでに読んでいたらしく、「あの井伏があんたによくしゃべったね、将棋や釣りの話なら別だけど」と言い出した。文章の話、特に自分の文章については語りたがらない作家らしいのだ。そこで、井伏に「はにかみの文学」と評された当人に、「そうおっしゃる井伏さんのほうには、はにかみが無いんでしょうか」と水を向けると、待ってましたとばかり、永井は即座に「大有りですよ」と笑いながら、嬉しそうに目を輝かせた。

割り切れないままに

世の中も、人生も、すぱっと割り切れない。人間は誰でもそういう割り切れないものを背負って生きている。自分の気持ちでさえ当人の自由にはならない。それどころか、これはどういうことなのだろうと考えてみても、何だかよくわからない。うまく説明がつかない気持ちもあり、さっぱり見当もつかず、途方にくれることもある。

井伏鱒二の文学の弟子筋にあたる小沼丹の小説『黒と白の猫』のなかに、作者自身をモデルにした主人公「大寺さん」が、妻の急死したあと、思いもかけない形で、自分の心の空白に気づくエピソードが折り込まれている。テラスでぼんやりしていると、シオカラトンボが「ちっぽけな池に何遍も尻をつけた」。どうやら「卵を産んでるらしい」。とっさに「大声で細君を呼ぼうとして、大寺さんは家のなかに自分一人なのに気づいた」と続く。いつもそうしていたように、この日もうっかり妻に知らせようとしたのだろう。

その後の生活を描いた小説『銀色の鈴』のページをめくりながら、突如ぽっかりと穴のあいたその家庭に、そのことがどのような陰翳を投げかけているか、大寺さんの心の映る表現をたどってみよう。訪ねて来た客が、話の合間に庭に眼をやって、「木蓮《もくれん》が咲きましたね」と言う。すると、「ええ、弱りました」と大寺さんは頓珍漢な返事をしてしまう。突然の出来事で、あるいは、わが家の紫木蓮《しもくれん》が花をつけたことにも気づかずにいたのかもしれない。そうでなくとも、知人と顔を合わせて雑談していても、大寺さんは心ここにあらずで話に身が入らないから、うっかり関係のないことを口走ってしまう。しかも、何でもすぐに、ついその出来事と結びつけてしまうのだろう。

それまで電気製品などに無頓着で、世の中がやたらに便利になって趣がなくなると、むしろぼやいていた大寺さんが、今では打って変わって、炊飯器や洗濯機を見て何となく安心する。「娘が洗濯板でごしごしやっていたら」困るのだという。妻はある意味で戦友のような関係だったが、娘たちにとっては違う。母親が急死したために家事一切が降りかかってきたのだから、父親として負い目のようなものを感じるのかもしれない。

酒場で仲間が酒の肴《さかな》に、委員会なるものを構成し、そこの審査を通った女性となら再婚を認めるなどと勝手なことを言い出す。そんな委員会の権威なんか一向に認めない大寺さんも、いつかこれまでとは違った角度で女性を見るようになっている。再婚の気持ちも固まらないまま、あの女は審査委員会を通過するだろうかなどと、ついそれまで考えたこともない、ばかげたことを考えてしまうことに苦笑する。

そんな「大寺さんが面白半分に委員会の話を」持ち出しても、娘たちは「いいと思う女性がいたら、結婚したらいい」と、一向に関心を示さない。いつまでもくよくよしていられるより、「さっぱりしていて悪くないと思うが、同時に何となく物足りないような気がしないでもない」。もうちょっとこだわってくれてもいいような気がするのだろう。

大寺さんは妙なことに気づく。二人そろって家にいる時より、一方がいない時のほうが、娘は妙に父親に気を遣うような気がするのだ。母を亡くした娘と、妻を亡くした父――残された家庭の隙間をそれとなく埋めようとする娘の所作をいじらしく思いながら、以前は妻がしていたことを今は娘がやってくれていることに、ふと気づく父親のとまどい、照れくささ、文面からそんなくすぐったさが伝わってくるのである。

こんなふうに、おのずと起こる微妙な気持ちの変化を、これは一体どういうことなのだろうと考えてみても、渦中の大寺さんには一向にその訳はわからない。読者も同様だ。いや、きっと作者も「どういう訳か知らん?」と、しみじみ人生を眺めているのだろう。

文体に染まる

鍛えられた眼がありのままに見たものを、素直な感情で受けとめ、それをこんなふうに含羞の筆に託す。日常の起伏と哀感を温雅なユーモアを交えた透明感あふれる文章でさりげなく描く。これはもうこの作家の文体の力と言うほかはない。

それにしても、小沼作品の登場人物には不思議な雰囲気が漂う。作者自身をモデルにした吉野君、大寺さん、「僕」として出てくる主人公だけではない。英文学の恩師であった谷崎精二、文学の師匠たる井伏鱒二や作家仲間の庄野潤三を思わせる人物だけでもない。

相手の石を殺すと鼻を鳴らす自分を棚に上げて、年賀状に「風格のある碁を打つように希望する」と書いてくる上田友男や、形勢のいい時は頓狂な声で「敵は幾万ありとても」と歌いだし、悪くなると不思議な鳥のような甲高い奇声を発する荒田老人といった碁敵。

紅漆が枯れて庭の真ん中に穴があいて淋しいと言う主人に、「陽当《ひあた》りは良くなりました」と涼しい顔で応じる出入りの植木屋。何かにつけて「御承知でもありましょうが」と話を切りだす保険外交員の松木の老人。白いシャツの上に浴衣を着て、古ぼけた茶色の鳥打帽をかぶった姿で、赤い涎掛《よだれか》けの石の地蔵さんをじっと眺めている、背の低い朴訥《ぼくとつ》な感じの爺さん。落ちぶれて大きな家屋敷を手放し、そのすぐ近くの陋屋《ろうおく》に住んで毎朝その昔のわが家を眺めて暮らす耄碌《もうろく》した爺さん。道端で遊んでいて、作者に「洟垂《はなた》れ親分」と格付けされる子供まで含め、それぞれどこか憎めない空気をまとっているような感じがある。

むろん実生活で、この作家のまわりにだけ、そんな不思議な雰囲気の人物が暮らしているはずはない。それも、人間だけではないのだ。横目で見ては知らん顔をする猿も、病院に出かける主人公を悲しそうな声で見送る犬も、よその家に無断で入り込み、細君を歯牙にもかけずお化粧に余念のない猫も、また、いつもおそろいでやって来る夫婦者の四十雀《しじゅうから》も、「哲学者みたいな顔」で「深刻に考え込んでいる風情」を見せる蝦蟇《がま》も、作品に登場する生きものが、どういうわけかひどく人間くさいのだ。

こうなると、作品に登場する人物も生きものも、それぞれのモデルとなった素材そのものの体臭であるとはとうてい信じがたい。むしろ、万物との心の交流を求めて生きた人間が、そういう思いをこめて表現した文学的な実在なのではないか。つまり、それぞれのモデル自身のというよりも、それを感受する人間の個性を通り抜ける過程でおのずと帯びることとなった雰囲気、いわば作者の文体的なにおいであると考えるのが自然だろう。

そういえば、長編紀行エッセイ『椋鳥日記《むくどりにっき》』に描かれた倫敦《ロンドン》も、大学の研究休暇の制度を活用して作者の小沼教授が実際に滞在した当時のロンドンとは思えないほど感じが違う。むろん、他の小説や随筆でも、その点では同様だ。作中に登場する人物はもちろん、犬や猫や鳥も、はては木や花も街並みも、あるいはそこに描かれる時代でさえも、どこか懐かしい色彩で、ひと刷毛《はけ》ぼかされているような感じがしてならない。

時とともに熟す

ともあれ、いかなる言語作品も、ことばを選び、文字を選ぶ前に、自分が何を表現したいのか、読み手にどういうメッセージを送り届けたいのか、あるいは訴えたいのかという、やがて文章の内容となるはずの核心部分をあらかじめ造形しておかなければならない。

だが、そのコアの部分は、言語的な形をしていないどころか、いまだ思考とは名づけがたいもやもやした意思と感覚と、それに対するどろどろした心情とが、未分化のまま混在するカオスから始まる。その底にうごめいている不定形の核とも呼ぶべき茫漠《ぼうばく》とした塊が、広く「発想」と考えられているものの芽生えであり、すべてはそこから始まる。

仮にどんな文章作法の本を何冊ひもといたとしても隔靴掻痒《かっかそうよう》の感を出ないのは、文章の核心をなすこの肝腎のところが欠落しているからだろう。だが、その部分の土台となるものは、もともと他人がどうこう言うことのできないものなのではないか。それぞれの人間が、何を見てどう感じ考え、いかに生きてゆくか、ということなのだから。

ひとりの人間の生の在り方そのものに働きかけて、その厚みを増し、ひいては、その人の生き方の奥行を深めるなどという大それたことは、一冊の文章読本のなしうる範囲をはるかに超える。著者にできるのはせいぜい、読者の一人ひとりが、生きている今をじっくりと味わいつつ、みずからを研《みが》きあげることを願って、そのためのささやかなヒントを、そっと置き去りにすることぐらいではなかろうか。

晴れた日に芝生に寝ころがり、読みかけの本を顔にかざして、ぼんやりしているとき、あるいは、街角のカフェの古風な椅子に沈み、立ちのぼる珈琲《コーヒー》の湯気のかなたに広がる雨もよいの空を、ガラス越しにけだるげに眺めている折など、書斎でむずかしい顔をしながら必死に構想を練っているときには気づかなかった、書くことのちょっとしたヒントが案外ひょっこり浮かんできたりする。

そのままじっと待っていると、心の片隅であの得体の知れない発想の塊が次第に熟してくるかもしれない。時には、そのうち訳もなく気持ちがほてってきて、無性に書きたくなることもある。生きている自分に向かって折々に寄せてくる感情の波や率直な思い、あるいは、あの日この日にふと脳裏をよぎった、きれぎれの思考の跡など、実際に経験してきた人生のひとこまを、知らない誰かに語っておきたい。

それだけではない。事実は人生の半分にすぎないのだ。この世で体験できなかったことも、はじめから無かったこととは違う。できればと思いつつ、ついに果たせなかった夢、望みながら消えていった、その人その人の、ありえなかった過去や、ありたかった未来のことも、作品のなかでなら、思うように生き生きと描くことができそうだ。

もしもいつか、わけもなく書かずにいられない気分に誘うことができれば、文章読本の使命は、その瞬間に終わるとも言えるだろう。

事実、夢中になって書いている間は、その文章がうまいか下手かなどということは頭に浮かんでこない。そんなことは、もうどうでもよくなっている。日ごろどんなに表現技術にこだわっている人間でも例外ではない。これはまことに不思議である。しかし、かえって、それがいいのだ。人が願っているのは、うまい文章ではなく、いい作品なのだから。

文章技術のことなど何ひとつ考えず、ただ書くことに熱中しているその時間、当人の知らぬ間に文章力が格段の進化をとげることもあるだろう。振り返ってみると、表現の勘というものは、案外そんなふうにしておのずと養われるような気がする。

その意味では、この本を読み終わるころに、読者がもし、文章をうまく書くことなど、もうどうでもいい、そんな気分になっていれば、本来の目的はほぼ達成されたと言っていいかもしれない。

文章の書き方などというもの、要は、書き手自身に対する誠実さと、読み手に対する思いやり、その二点に尽きるだろう。この相反する二者にどう折り合いをつけるかというバランスの妙味が、きっといい文章、いい作品に仕立てるにちがいない。

滋味掬《じみきく》すべき文章のようなものが、もしもいつか自分にも書けるとするなら、人間という存在の愚かさ、生きてゆくことの哀しみを、腹の底からなつかしく思える境地にまで熟しきったときなのだろう。

文章のよき書き手に何よりも必要なのは、人が生きて自然に熟れてゆく充実した時間であるように思われる。

中村 明（なかむら・あきら）

1935 年 9 月 9 日、山形県鶴岡市の生れ。国際基督教大学助手、国立国語研究所室長、成蹊大学教授を経て、母校の早稲田大学教授となり、現在は名誉教授。主著に『比喩表現の理論と分類』（秀英出版）、『日本語レトリックの体系』『日本語文体論』『笑いのセンス』『文の彩り』『吾輩はユーモアである』『語感トレーニング』『日本語のニュアンス練習帳』『日本の一文 30 選』『日本語　語感の辞典』『日本の作家　名表現辞典』『日本語　笑いの技法辞典』（岩波書店）、『作家の文体』『名分』『悪文』『文章作法入門』『たのしい日本語学入門』『比喩表現の世界』『小津映画　粋な日本語』『人物表現辞典』（筑摩書房）、『文体論の展開』『日本語の美』『日本語の芸』（明治書院）、『文章をみがく』（NHK 出版）、『日本語のおかしみ』『美しい日本語』（青土社）、『比喩表現辞典』（角川書店）、『感情表現辞典』『感覚表現辞典』『分類たとえことば表現辞典』『センスをみがく文章上達事典』『日本語　描写の辞典』『音の表現辞典』『文章表現のための辞典活用法』（東京堂出版）、『漢字を正しく使い分ける辞典』（集英社）、『新明解　類語辞典』（三省堂）など。『角川国語新辞典』『集英社国語辞典』編集委員。『日本語　文章・文体・表現事典』編集主幹。日本文体論学会代表理事（現在は顧問）、高校国語教科書（明治書院）統括委員などを歴任。

日本語の作法

しなやかな文章術

2018年　9月25日　第1刷印刷
2018年10月11日　第1刷発行

著者――中村 明

発行者――清水一人
発行所――青土社

〒101－0051　東京都千代田区神田神保町1-29 市瀬ビル
［電話］03-3291-9831（編集）　03-3294-7829（営業）
［振替］00190-7-192955

印刷・製本――双文社印刷

装幀――菊地信義

挿画――安野光雅
©空想工房「嗚呼玉杯に花うけて」
データ提供　安野光雅美術館

ISBN 978-4-7917-7102-8 C0095